研究生教育管理
探索与创新
（2023）

主 编／陈华明

四川大学出版社

图书在版编目（CIP）数据

研究生教育管理探索与创新．2023 / 陈华明主编
． 一 成都：四川大学出版社，2023.9
ISBN 978-7-5690-6421-6

Ⅰ．①研… Ⅱ．①陈… Ⅲ．①研究生教育－教育管理－中国 Ⅳ．① G643

中国国家版本馆 CIP 数据核字（2023）第 202373 号

书　　名：研究生教育管理探索与创新（2023）
　　　　　Yanjiusheng Jiaoyu Guanli Tansuo yu Chuangxin(2023)
主　　编：陈华明

选题策划：周　洁
责任编辑：周　洁
责任校对：于　俊
装帧设计：墨创文化
责任印制：王　炜

出版发行：四川大学出版社有限责任公司
　　　　　地址：成都市一环路南一段 24 号（610065）
　　　　　电话：(028) 85408311（发行部）、85400276（总编室）
　　　　　电子邮箱：scupress@vip.163.com
　　　　　网址：https://press.scu.edu.cn
印前制作：四川胜翔数码印务设计有限公司
印刷装订：四川盛图彩色印刷有限公司

成品尺寸：148 mm×210 mm
印　　张：8.25
字　　数：220 千字

版　　次：2023 年 11 月 第 1 版
印　　次：2023 年 11 月 第 1 次印刷
定　　价：48.00 元

本社图书如有印装质量问题，请联系发行部调换

版权所有 ◆ 侵权必究

扫码获取数字资源

四川大学出版社
微信公众号

目 录

党建与思政

高校网络舆情的媒介化治理路径研究 …………… 贾瑞琪（3）

科学家精神融入高校研究生思想政治教育工作的路径研究
………………………………………………… 郭潇蔓（12）

全科医学专业研究生思想教育及服务基层意识能力现状调查及
分析 …………………………… 赵黎君　伍　艳（20）

提质与增效：新时期高等院校来华留学生管理与服务机制构建
研究 ………………………………………… 邵　燕（31）

新时代研究生综合素质评价和提升的路径探讨
——基于"五角星"模型的问卷调研分析
……………………………………… 吴　宇　于家伟（38）

行业领军企业助力研究生职业生涯教育机制研究
………………………………………… 姜利寒　李颖丽（49）

研究生参与科技资源科普化建设的探索与思考
——以四川大学电气工程学院为例
………………………………………… 张　瑾　肖煜瑾（55）

以志愿服务为载体推进研究生党建工作探索
——以四川大学材料科学与工程学院研究生党员志愿
服务小分队为例 ………………………… 王　娇（63）

社会工作视角下研究生心理健康教育路径探究
………………………………………………… 徐青锐（68）
学科竞赛在研究生创新能力培养方面的作用及存在问题研究
………………………………………………… 俞晓红（74）
依法治校背景下的学生校内申诉制度探析 ……… 马 芸（81）
高校研究生财经素养教育融入第二课堂的路径分析
……………………………………… 隗玉梁 郑洪燕（88）
高校家校协同育人的因材施教路径探析
——以研究生培养为例 ………………… 于孜清（96）
创新创业教育背景下研究生就业教育新特征及其对当代研究生
教育的启示 …………………………………… 雷子慧（104）

培养与管理

新文科背景下中华文化国际传播人才培养的创新与实践
——以四川大学为例 …………………… 韩 芳（113）
高校来华留学研究生教育的发展困境与优化策略研究
……………………………………… 刘廷林 陈心荷（120）
"双一流"建设背景下硕士研究生课堂教学现状调查研究
——以S大学为例
……………… 李 娟 吴雨珊 孙克金 郭荣辉 张露露（128）
博士研究生分流退出制度的现状及对策
……………………………………… 杜吉佩 黄 云（136）
关于硕士研究生招生考试模式分析及初试改革的可行性思考
……………………………………… 张 盈 张 丽（143）
通过公益慈善人才培养推动社会保障学科发展
………………………………………………… 张浩淼（151）

新工科背景下实战型网络安全人才培养模式的探索与实践
　　——以工业控制系统安全为例
　　　………………………… 李贝贝　杨　频　赵　辉（158）
新时代研究生教学质量保障机制的新探索
　　——以四川大学电子信息学院为例
　　　………………………… 蔡苹杨　赖　华　张启灿（166）
研究生学科目录变化情况研究 ………… 江虎维　赵　庆（174）
新工科建设背景下学科建设与教研活动融合的探索研究
　　……… 文宇峰　李　娟　刘文红　杨　婕　吴雨珊（187）
高校布局人工智能的现状和发展思路浅析
　　………………………………… 刘文红　秦富军（193）
多维度协同融合的专业学位研究生培养模式的探索与实践
　　…………………………………………… 刘　丹（203）
"三全育人"背景下研究生医学伦理学教育的华西模式初探
　　………………… 伍　艳　韦　伟　刘彩虹　杨乐天
　　　　　　　　　　周　莉　张　凌　付　平　赵宇亮（212）
化学学科研究生课程设置探索与思考
　　………………………… 姜　林　刘　双　马利建（222）
全日制专业学位研究生培养模式的探析
　　………………………… 刘　双　姜　林　马利建（229）
双一流高校本硕博贯通式拔尖人才跨学科通识教育探究
　　——以"中华文明简史"课程为例
　　　………………………………… 李建艳　邹　薇（235）
"双一流"建设中文科研究生科研能力培养探究
　　………………… 姜　莉　王诗蕴　韦足梅　韦李娜（242）
基于信息技术视角的研究生招生风险分析与规避策略
　　………………………… 易宗锐　刘　猛　王翔坤（248）

党建与思政

高校网络舆情的媒介化治理路径研究

贾瑞琪

(四川大学文学与新闻学院　四川成都　610065)

摘　要：当前，高校网络舆情的生发、演化与治理的全过程都深刻地受到媒介化环境的影响，打上了媒介化逻辑的烙印。可以说，媒介化一方面是客观环境，另一方面也已经成为治理的主体手段。因此，高校网络舆情治理必须立足媒介化背景、运用媒介化手段，从平台、信息、技术三个层面出发，通过平台的严格筛查、信息的精准适配、技术的有效嵌入探寻网络舆情治理的媒介化路径。

关键词：高校；网络舆情；媒介化治理

　　进入20世纪以来，伴随着信息技术蓬勃发展、经济全球化加速以及互联网的推广，我国社会结构向信息高速传递、传媒生态深刻变革的媒介化时代加速转变。当前，以互联网、信息技术发展为主要动力，社会时空背景不断更新，社会治理工具不断迭代。尤其随着大数据、物联网、人工智能等新兴信息技术的发展，媒介作为主要主导力量的社会治理已然成为时代命题。

　　网络舆情治理是高校思想政治工作必不可少的组成部分，也

---

* 本文系四川大学中央高校基本科研业务费研究专项项目（sksz202101）阶段性成果。

是衡量高校是否"善治"的重要标准。在后疫情时期与媒介化社会的交织背景下，高校网络舆情呈现出校内、校外两个舆论场并存且同步交织、互相借力，舆情主体角色多重、易被标签化，舆情集群效应明显、易"群体极化"等特征。这对大学生的理想信念、价值理念、道德观念造成了巨大影响，亟须引导（赵仁青，黄志斌，2021）。然而，当前部分高校在网络舆情应对方面依然存在治理手段供需错位、治理渠道不畅、治理前瞻不足和风险防范欠缺的问题。舆情引导结构粗放、舆情治理架构弱化、舆情消解手段迟缓（姚翼源，2021）。面对这一困境，如何立足媒介化社会，运用媒介化思维提升高校网络舆情治理效能无疑是值得思考的时代问题。

基于此，本文从平台、信息及技术三个维度入手，探讨高校网络舆情的媒介化治理路径，以期在新时代背景下为高校网络舆情治理提供不同视角的观照。

一、情绪识别与谣言筛查：平台作为治理主体的作用发挥

平台是高校网络舆情生成和暴发的土壤。几乎所有的网络舆情都是以平台为载体，经由信息的发布、围观、热议、转发等一系列操作，最终引发为大规模、不可控的网络舆情事件，高校网络舆情亦是如此。在媒介化社会，平台的公开化、近用性和高传播度等特征使得高校网络舆情可能突破某一校、某一地的时空限制，成为全社会关注的热点话题。高校在网络舆情处置中是否快速、准确、高效也成为公众衡量其管理能力、危机应对能力和社会服务能力的重要指标。

高校网络舆情依托平台而生的特征也使得平台成为网络舆情治理中必不可少的主体角色。众所周知，媒介平台生态系统功能单位可分为硬件生态与软件生态两个部分，所谓"硬件生态"即媒介平台赖以运转的基础设施，而"软件生态"指的是所有媒介

平台参与者及其之间彼此依存的社会化关系网络。因此，看似冰冷的平台实际上网络了作为舆情主体的人及其社会行为、社会关系。利用平台可以制定内容生产和传播规则，可以抓取用户的传播内容和传播节点，甚至可以通过算法技术改变信息的传递规则。有鉴于此，可以说，在媒介化社会，平台已经不仅仅是信息承载的载体，其角色不仅仅局限于传统意义上的治理对象，而是向舆情治理的主体角色转变。在高校网络舆情治理中，基于媒介化治理的平台治理主要体现在情绪识别和谣言筛查两个方面。

（一）平台作为治理主体助推舆情情绪识别

情绪是影响高校网络舆情治理的重要因素。实践中，多数网络舆情的爆发本质上是受情绪驱动，情绪与网络舆情治理过程中各类风险的生发演化具有伴随性与共生共进性，情绪动员、情绪耦合、情绪扩散等环节会造成情绪共振，导致越来越多的声音混杂在网络之中。其结果是混淆了正向的、真实的、权威的信息，让网民沉浸在由过载、虚假和不实信息所带来的焦虑、狂躁等情绪之中，引发新一轮的矛盾与冲突，甚至造成不可挽回的舆情影响。高校网络舆情由于涉及高校这一主体，因此备受社会关注。在诸多的关注和围观中，一旦网民情绪失控，会对整个舆情治理带来不可估量的影响。情绪的传播实际上是无数的传播话术累积叠加的结果，是无数个体在网络中情绪表达混杂的表现。因此，在高校网络舆情治理过程中，要学会将平台的使命交还给平台。即依托平台，通过对各类治理主体的传播内容进行检测和分析，建构具有情绪识别功能的治理模型，厘清不同传播主体之间的情绪共振机制以及触及情绪爆发点的话术，在此基础上进行有针对性的引导。同时，要意识到在网络舆情治理中，高校并非孤立的存在，不同主体、不同平台之间应当建立有效联动，在协同中应对舆情的冲击。

（二）平台作为治理主体服务舆情谣言筛查

谣言基于媒介平台形成并传播，是高校网络舆情治理过程中面临的问题与难题之一。其类型和样态分为很多种：从对受众情绪波动的影响上来看，分为情绪性谣言和非情绪性谣言；从内容是否针对事件本身来看，分为延伸性谣言和非延伸性谣言；从涉及领域来看，分为科学性谣言、政治性谣言，等等。谣言的本质依然是一种信息的传播，是传播主体有意传播的虚假和不实信息。在高校网络舆情应对中，由于涉事主体复杂，往往涉及学生、教育、管理等一系列热点和敏感话题，极易爆发谣言，引发舆情风暴。处理不当不仅会对高校带来负面影响，也会极大地影响社会的信任度。对谣言的筛查同样离不开平台作用的发挥。在高校网络舆情治理过程中，应充分利用平台，建立谣言分析和筛查模型，并根据谣言信息对谣言进行筛查模型的自动化校正。在治理过程中，不断更新谣言数据库，提升平台谣言筛查系统的专业性。通过对谣言内容的把控、谣言节点的阻断、造谣人员的教育引导，从重要人员、关键节点入手阻断谣言传播的源头和渠道，通过对谣言的中断和制止提升舆情应对的成效。

因此，以平台治理为着手点已经成为当前高校网络舆情应对的重要抓手，依托平台及其数据网络，才能掌握网络舆情爆发的节点、网民画像、情绪与谣言传播的脉络，形成网络舆情治理的信息版图，截断舆情蔓延的通道，服务于高校网络舆情治理大局。

二、思维转变与过程科学：信息精准适配作为治理手段的效用彰显

高校网络舆情治理场域是一个信息高速流动的场域，治理过程中的诸多矛盾、摩擦和冲突都需要通过信息的及时流通和精准适配来解决。公开、及时的信息发布以及透明、健康的信息流动

既是高校网络舆情治理中治理主体决策并获得反馈的稀缺资源，有助于削减纵向层级间的信息不对称和水平部门间的信息碎片化；又能够有效满足居于信息弱势地位和强风险感知情景下普通民众的信息需求，有助于消除恐慌情绪，改善其对治理过程中的风险感知，减少治理冲突。可以说，媒介信息的供需适配是高校网络舆情治理中媒介信息治理的关键环节之一，也是主要着力点之一。然而，在当下的高校网络舆情治理中，一定程度上存在媒介信息生产与治理主体信息需求不一致、信息供给不足、供给过剩、供给错位等问题。此外，媒介信息传播的专业性尚待提高，存在不能靶向满足治理主体的治理信息需求，不能精准配适各类型受众的舆情信息需求等现象，造成治理效率低下、社会满意度不高的困局。因此，立足媒介化治理理念，在高校网络舆情治理中引入信息精准适配的治理手段至关重要。

（一）信息精准适配助推治理思维从危机公关向舆情共治转变

高校网络舆情治理应当摒弃一味地进行危机公关的思维，通过信息的公开化、透明化流动，在不同主体之间建构足够的信任机制。对于网民及各涉事主体而言，他们所接收到的信息不应仅止于"告知"，还应着眼"赋权"，要努力保障各相关主体的知情权，促使他们对治理过程产生足够的信任和理解，化解不必要的矛盾和冲突。要将协商共治的理念置于整个高校网络舆情治理的全过程，以便将舆情应对理念转化为清楚明确地让各相关主体知晓并理解的行动，促成网络舆情的合理应对。

（二）信息精准适配确保治理过程公开透明，化解治理纠纷

高校网络舆情波及面广、社会关注度高，在应对的过程中不能仅仅依靠一方力量，而应形成多方协同治理的合力。为了达到此效果，信息的精准发布应当贯穿治理的全过程，在舆情的爆发期、蔓延期、消退期，都应当及时、公开、精准地发布相关治理

信息，让民众的治理期待与信息发布的内容、频率、时间节点相匹配。通过各个阶段的有效引导，平复不必要的纷争，凝聚更多的治理力量。同时，借助适宜的策略制定和媒介信息发布实现治理信息与相关主体之间持续有效的互动，在互动中共商共议，化解舆情。

（三）信息精准适配促进高校网络舆情治理向常态化防范转变

高校网络舆情具有触发事件话题敏感、易爆度高等特征（王楠，2021），因此，对其治理和防范应当是一个长期而持久的过程，需要形成信息的精准化匹配机制，提高应对效能。高校网络舆情治理中的信息精准适配本质上是基于舆情应对中的治理主体信息需求以及媒介信息生产平台来选择最为恰当的舆情治理信息的生产和决策过程。因此，可以通过开发旨在精准适配公众舆情应对信息需求和媒介舆情治理信息生产的"人机互动"辅助决策模型，为精准适配各舆情治理相关主体的信息需求提供辅助工具，并以此为基础，优化媒介风险信息生产决策流程，不断完善工具的精准度，确保其在高校网络舆情治理中的持续有效性以及普遍的适用性。

可以说，在高校网络舆情治理的过程中，信息的精准适配发挥着极其重要的作用，也正是借助各类媒介渠道，才能实现舆情走向与治理决策的精准匹配，治理主体与普通民众的高度互动，治理信息与社会期待的高度契合。这既是未来高校网络舆情治理中的重点、难点，也是着力点。

三、信息过滤与周期监测：技术作为基础设施的嵌入性显示

当前，高校网络舆情治理中各类不确定性、复杂性、系统性因素的存在对传统治理模式提出严峻挑战，亟须多维治理手段和路径参与综合治理。近年来，人工智能、大数据、5G等新技术

迅猛发展，技术治理手段越加丰富，治理对策越加多元。正如有学者所言，高校网络舆情治理必须优化引导工序内容系统、筑牢治理共治战线、完善科技赋能系统体系（姚翼源，李祖超，2021）。可以说，科技或者说技术赋能高校网络舆情治理效能提升已成为当下网络舆情治理的重中之重。

（一）技术有效嵌入提升网络舆情治理信息传播质量的评估精准度

正如前文所言，在高校网络舆情过程中，平台的有效使用与治理信息的精准发布是提升舆情的媒介化治理成效的关键抓手。其中，平台的建设与管理是基础，治理信息供需的精准匹配与高效发布是保障，二者的有效配合离不开技术的有力支撑。针对当前基层治理实践中存在的平台管理欠缺、信息供需错位等问题，借助大数据、区块链等先进技术，可以对平台进行统一分析、统一规划、统一协调。同时，通过对平台发布的舆情信息的追踪溯源来进行信息确权，加大对不良、不力媒介平台及其信息的有效管控，能够有效提升技术在助力高校网络舆情治理中平台与信息效能的发挥，提升高校网络舆情治理中信息传播质量和舆情应对水平。

（二）技术有效嵌入促进网络舆情全周期监测与治理

高校网络舆情的治理具有周期性特征，运用技术手段可以促进网络舆情的全周期监测与治理。首先是舆情爆发前的预警防范。高校网络舆情的爆发会经历潜伏期，在舆情爆发之前，运用技术手段进行安全设计、信息预警与舆情感知是媒介技术驱动高校网络舆情媒介化治理能力提升的首要路径。如在网络舆情爆发之前，利用无服务计算机技术，以事件为驱动，可做到多方协同收集数据、协同研判、协同预警。此外，还可以运用新媒介技术加强高校对舆情的风险感知，利用视频、音频等多元技术手段进行舆情预警的信息分发，提升舆情敏感度。其次是舆情爆发中的控制引导。在网络舆情爆发之后，利用技术手段也可以有效实现舆情的控制和引导。如精准定位社会民众对高校网络舆情的信息需求，科学设计信息分发渠道，筛查谣言和负面情绪，确保信息沟通渠道畅通，内容准确科学。再如借助技术手段全方位、全时段地对网络舆情动向进行检测，并实时跟进舆情演化脉络，根据不同阶段、不同动向进行有针对性的信息推送，降低社会的舆情风险感知，确保网络舆情的科学处置。最后是舆情处置后的追踪追溯。高校网络舆情具有高重复性、高爆发率等特征，遵循特殊的生发演化规律，因此，通过事后追溯总结舆情应对的经验和心得是做好高校网络舆情应对的必由之路。利用数据平台对舆情信息进行后续追踪，对相关媒体信息、个体信息等进行梳理，可以防止次生舆情的爆发。而利用数据追踪和媒体平台检测，对网络舆情的生发演化过程进行回顾和梳理，进一步确认风险爆发点，则可以有效总结经验，制定此类舆情事件应对的长效机制。

技术是媒介化社会的"筋骨"，在很大程度上决定了社会的柔度和韧度，也黏合并撬动了社会中的诸多要素，激发了社会活力。因此，无论是信息还是平台都离不开技术手段的支撑。高校网络舆情作为重要的社会事件，在治理过程中唯有顺应技术、运用技术才能触及治理深处，解决治理问题。

四、结语

高校网络舆情治理关乎高校的安全稳定运转和高等教育的持续发展，关涉公众舆情认知和应对能力的形塑。媒介化治理本质上是顺应社会发展需求，利用媒介手段认知舆情、感知舆情、化解舆情的过程，是以善治为导向的治理举措（陈华明，刘效禹，贾瑞琪，2022）。在这一过程中，平台是支撑，信息是基础，技术是保障，三者缺一不可，共同构成了网络舆情媒介化治理之道的核心要素和关键抓手。可以说，在某种程度上而言，基于媒介手段驱动的舆情治理为高校网络舆情应对引入了新的维度，这也应是未来包括高校网络舆情在内的舆情治理的必由之路。

参考文献：

陈华明，刘效禹，贾瑞琪. 媒介何为与治理何往：媒介化治理的理论内涵与实践路径［J］. 新闻界，2022（4）：51－58＋84.

王楠. 高校网络舆情危机及其应对［J］. 学校党建与思想教育，2021（9）：75－77＋80.

姚翼源. 高校网络舆情治理的关键问题与实践向度［J］. 西南民族大学学报（人文社会科学版），2021（3）：161－166.

姚翼源，李祖超. 高校网络舆情治理：背景·困境·路径［J］. 中学政治教学参考，2021（20）：15－17.

赵仁青，黄志斌. 思政课如何主动回应高校网络舆情［J］. 人民论坛，2021（27）：94－96.

科学家精神融入高校研究生思想政治教育工作的路径研究*

郭潇蔓

(四川大学研究生院　四川成都　610000)

摘　要：高校研究生作为我国高层次人才，是科学研究、科技创新的主力军，将科学家精神融入新时代研究生思想政治工作，有利于思想政治教育的价值回归和育人实效的提高。科学家精神培育与研究生思想政治教育在原理上相贯通、在目的上相承接、在价值上相统一。当前，科学家精神融入研究生思想政治教育工作面临着主体认知有待提高、育人环节实效不强、教育要素较为单一等现实困境。我们认为，可以从构建多元参与的协同育人模式、形成各阶段有序衔接的教育机制、建立多方联动的立体化教育框架这三个方面进行路径优化，以顺应高校立德树人、科教兴国的时代要求。

关键词：科学家精神；研究生；思想政治；教育

党的二十大报告第一次把教育、科技、人才三大战略放在一起统筹部署、集中表达，并将"实施科教兴国战略，强化现代化

---

* 本文获四川省学位与研究生教育学会研究课题"科学家精神融入新时代研究生思想政治工作路径研究"项目资助，课题编号：2022YB0601。

建设人才支撑"独立成章进行了阐述，可谓意义深远。报告强调了教育、科技、人才对于全面建设社会主义现代化国家的基础性、战略性作用，体现了依靠和培养人才的科教融合发展思想，强化了教育培养人才的使命，突出了科技对于提高人才培养质量的重要作用。

高校研究生作为我国紧缺的高层次人才，肩负着科学研究的重要使命，承担着科技创新的重要任务。科学家精神作为中华民族和全社会的宝贵精神财富，激励着广大研究生追求科学真理、勇攀学术高峰，是科技创新发展的不竭动力。2019年，中共中央印发了《关于进一步弘扬科学家精神加强作风和学风建设的意见》，提出要大力弘扬科学家精神，铸牢科技创新的精神根基。2020年，在科学家座谈会上，习近平总书记再次强调"科学成就离不开精神支撑。科学家精神是科技工作者在长期科学实践中积累的宝贵精神财富"（习近平，2020）。以"爱国、创新、求实、奉献、协同、育人"为核心内涵的科学家精神，为新征程上科技创新发展供给着源源不断的精神力量，也为社会主义现代化强国建设提供了夯实坚固的智力支撑，与新时代研究生思想政治教育工作的本质属性相契合，具有高度的统一性。因此，探索优化科学家精神融入高校研究生思想政治教育的工作路径是题中应有之义，不仅有利于研究生思想政治教育的价值回归，还能提升高校立德树人的育人实效（李玉飞，黄涛，2021），而且有助于进一步落实科教兴国战略、强化人才支撑的要求，推动新时代研究生教育工作再上新台阶。

一、科学家精神培育与研究生思想政治教育工作的内涵意蕴

（一）原理相贯通

拥有马克思主义科学理论指导是我们党坚定信仰信念、把握历史主动的根本所在。不断谱写马克思主义中国化时代化新篇

章，是新征程上我们每位共产党人肩上的光荣使命和心中的基本遵循。一方面，"坚持科技为民服务"的马克思主义立场贯穿于科学家精神，"坚持真理与价值相统一"的马克思主义观点沉淀于科学家精神，科学家精神中蕴含的丰富内涵和时代特征，更是马克思主义基本原理在中国科技创新发展征程中的具体缩影。另一方面，研究生思想政治教育工作同样采用了马克思主义基本原理的立场、原则和方法，是唯物辩证法在其领域的具体运用和价值体现。因此，无论是科学家精神的培育和弘扬，还是研究生思想政治教育工作，均以马克思主义基本原理作为行动纲领和根本路线，在原理上是相互贯通的。

（二）目的相承接

党的二十大报告中强调，要落实立德树人根本任务，培养德智体美劳全面发展的社会主义建设者和接班人。新时代研究生思想政治教育的初衷就是为党育人，为国育才，坚持德育为先，严把学风建设、学术道德与学术诚信。而科学家精神的培育同样也是践行的这一目标，科学家精神蕴藏的丰富育人元素有利于培养研究生求真务实、不断攀登的治学态度，为研究生的学术科研提供精神力量，引导他们将自己的科学追求和远大志向融入建设社会主义现代化强国的伟大实践。可以看出，科学家精神的培育和弘扬与研究生思想政治教育工作全面贯彻党的教育方针，落实立德树人的根本任务，培养堪当民族复兴大任的拔尖创新人才在目的上是一脉相承的。

（三）价值相统一

党的二十大报告明确提出，要广泛践行社会主义核心价值观，深入实施科教兴国战略、人才强国战略、创新驱动发展战略。新形势下研究生思想政治教育的核心价值在于将中国特色社会主义核心价值观教育在研究生群体中入脑入心，把个人的前途规划融入国家战略发展的洪流。科学家精神是被广大科技工作者广泛认可和共同遵循的价值理念，有利于引导研究生接过中国科技工作者的精神旗帜，形成正确的科技价值理念，致力于以科技报国的理想信念全身心投入中国式现代化推进中华民族伟大复兴的伟大实践。科学家精神凸显出的价值引领的独特优势，与研究生思想政治教育在价值上具有高度的一致性（唐钱，2021）。

二、科学家精神融入研究生思想政治教育工作的现实困境

（一）主体认知有待提高

从教师层面来看，一些研究生导师认为科学家精神教育是思想政治教育的内容，与学科专业知识教学关系不大。同时，一些研究生辅导员也存在"只有科技工作者和科学家才需要科学家精神"的错误认识。实际上，科学家精神应是新时代高校所有研究生的必备品质。可以看出，一些导师和辅导员对科学家精神的认识有待提高，两大育人主体同向发力、协同育人的合力也有待提升。从学生层面来看，研究生对科学家精神的核心内涵和价值意蕴的认识和理解存在一定的片面性和局限性。在我国经济社会发展进程中，不同年代的科学家们都肩负着科技救国、科技报国、科技强国的时代责任和历史使命。而现阶段的研究生大多对新中国成立到改革开放这段时期涌现的科学家比较熟悉，对国家发展历程中其他时期科学家精神的核心内涵和时代意蕴了解较少。与此同时，大多数研究生也缺乏对不同时期科学家精神的深入领会、思考和实践。

（二）育人环节实效不强

在第一课堂教学方面，现阶段只有少数高校设置了与科学家精神相关的课程，还有一些高校选择在课堂教学中适当融入一些与科学家精神相关的案例进行启发式教育，但在教学中主要采用理论灌输的方式，内容缺乏生动性和鲜活性，导致研究生难以从这些有限的学习资料中领悟和思考科学真谛。在第二课堂活动方

面,虽然多数高校开展的思想政治活动丰富多样,但涉及弘扬科学家精神、加强学风建设的思政活动较少。研究生这一群体的学习需求相对个性化、多样化,活动内容和类型本身也缺乏吸引力,因此这些活动和研究生的需求契合程度较低。同时,第一课堂教学与第二课堂活动的衔接程度较弱、链接互动不够,育人各环节上相对分散无序。此外,一些高校本身拥有较为充沛的思想教育资料和人物宣教资源,但未能充分深入挖掘和利用,这也导致本校科学家人物的优秀事迹没有充分得到弘扬,未能发挥引领作用。因此,各育人阶段教学教育功能发挥有限,加之未成体系化的育人环节衔接互动较弱,导致研究生科学家精神培育的效果欠佳。

(三)教育要素较为单一

在课堂教学中,部分思政课或专业课教师在进行思想政治教育时,话语表达方式较为单一、不够鲜活、不"接地气",同时课堂教学方式较为传统,缺乏互动式、体验式教学等生动形式,导致科学家精神难以在研究生这一群体中入脑入心、走深走实。在宣传渠道上,目前研究生主要通过学校的新闻网、微信公众号等平台阅览与科学家精神相关的信息或知识,基于这些平台获取的内容有限,同时对科学家精神内涵的系统阐述和全面解读也存在不足,单一严肃的内容和枯燥乏味的表达形式与现代信息化技术的融合度较弱,导致其与融媒体时代的要求、变化,与研究生多元化、网络化的学习方式不相适应。科学家精神教学、教育和宣传要素较为单一,一定程度上也使科学家精神的育人成效大打折扣。

三、科学家精神融入研究生思想政治教育工作的优化路径

（一）抓实育人主体，着力构建多元参与的协同育人模式

首先，强化教师队伍建设。分别针对研究生导师和辅导员开设科学家精神培育的相关课程，增强教师队伍对科学家精神的理解和认同，让教师逐步认识到科学家精神培育对于研究生这一群体的必要性和重要性。教师队伍要在研究生培育的各个阶段切实发挥好两大育人主体的模范引领作用，在管理教学以及学术科研各环节中用实际行动诠释和践行科学家精神。

其次，加强研究生导师和辅导员协同育人工作。导师和辅导员在研究生培养过程中同向发力、协同育人是助力研究生成长成才的重要基础。高校可以从沟通协作、条件保障、考核评价等方面出台相关举措，切实发挥两大育人主体各自的育人优势和互补作用，强化研究生科学家精神培育的协同育人合力。

最后，创新研究生党支部设置，充分发挥研究生党员的先锋模范作用。在基层研究生教育培养载体中，选聘高年级中思想道德品质优良、学术科研素质过硬的优秀研究生党员担任低年级研究生的学长，辅助导师和辅导员做好研究生有关科学家精神培育的教育培养及思想政治工作。

总的来讲，通过聚焦以上三大育人主体，着力构建研究生导师、辅导员和党员学长三位一体、多元参与的协同育人模式。

（二）强化重要环节，逐步形成各阶段有序衔接的教育机制

首先，深入推进科学家精神进入第一课堂，针对不同学科的研究生开设科学家精神培育的系列思政课程。深挖本校的科学家育人资源，形成科学家精神案例库，在教学过程中借助本校的学科特色和显著成果，融入相关的科学家优秀事迹和典型案例，增强课程的生动性和内容的亲切感。与此同时，加强课程思政建设，在专业课中融入相关内容元素，通过科学家精神教育唤起研

究生的学科热情和专业认同感。

其次，积极推动有关科学家精神培育的研究生第二课堂活动进一步课程化、精品化、制度化，并与第一课堂研究生思政课、专业课课程思政有效衔接、多维互动。可以依托高校的学生组织开展名师面对面系列讲座活动、学长面对面系列交流活动、走进实验室系列研学活动等精品校园学术交流活动。

最后，通过专业实习和社会实践让科学家精神在研究生中入脑入心、走深走实。基于研究生的学科特点，为研究生配齐企业导师，鼓励研究生发挥自身的专业优势，支持研究生走进生产一线，引导他们在解决实际问题的过程中逐步深化对科学家精神的认识和理解，为区域发展战略和国家发展大业提供科技支撑和智力支持。

总的来说，高校需进一步根据研究生的成长特点、学习阶段差异和实际需要，建立各阶段有序衔接的科学家精神教育机制。

（三）落实关键要素，系统建立多方联动的立体化教育框架

首先，加强研究生校园媒体及网络思想政治工作载体建设，创设科学家精神融入研究生思想政治教育的宣传样态，进一步实现科学家精神教育线上线下同频共振。利用网站主页、微信、微博等新媒体和报纸杂志等传统纸媒，设置相关的价值引领和科技精品栏目，打造科学家精神的系列专栏专题，以"纸媒＋新媒体"模式实现思想政治工作传统优势与新兴信息技术高度融合，引导高校研究生全面深入学习宣传贯彻党的二十大精神，积极培育和践行科学家精神。

其次，积极选树富有科学家精神的优秀典型人物或团队。挖掘、宣传理想信念坚定、创新能力突出、学术成绩突出的研究生典型、学术科研团队典型等，让身边鲜活的优秀事迹和朋辈引领的力量在潜移默化中激励和感化广大研究生。比如，开展研究生"学术之星""德渥群芳"育人文化建设标兵团队选树评选活动，

进一步引导研究生将自身的学术研究与国家经济社会创新发展战略相结合。

最后，进一步加强高校研究生会建设，充分发挥研究生的思想政治教育主体作用，采用研究生喜闻乐见的方式，增强科学家精神教育的时代感和感染力。引导研究生结合自身所长，根据本校的科学家精神案例库和科学家学术成长资料，采用微视频、舞台剧、小说、诗歌、网文等多种艺术形式，向身边同学讲好广大科技工作者扎根科研一线、志在科技报国的生动故事。

总的来说，高校需要利用好科学家精神教育的育人资源，构建多时空、多维度的立体式育人格局，促进育人升级，提高育人成效。

参考文献：

李玉飞，黄涛. 科学家精神融入研究生思想政治教育的困境与消解[J]. 教育探索，2021（8）：62—65.

唐钱. 科学家精神融入高校研究生思想政治教育的路径研究[D]. 重庆：重庆理工大学，2021. 习近平. 在科学家座谈会上的讲话[M]. 北京：人民出版社，2020.

中共中央办公厅　国务院办公厅印发《关于进一步弘扬科学家精神加强作风和学风建设的意见》[J]. 中华人民共和国国务院公报，2019，1665（18）：20—24.

全科医学专业研究生思想教育及服务基层意识能力现状调查及分析[*]

赵黎君[1]　伍艳[2**]

(1 四川大学华西医院全科医学中心　四川成都　610041；
2 四川大学华西临床医学院　四川成都　610041)

摘　要：培养复合型全科人才、健全基层卫生服务成为我国实现"健康中国"战略建设的关键和紧迫任务。本文通过对在读全科医学专业研究生面对面访谈及问卷的方式进行调查，从价值取向、职业和人文素养、领导能力、服务基层意识四个方面了解他们服务基层的具体思想状态，并对全科医学专业研究生基层服务能力的培育途径进行探讨，以期助力高层次人才积极投身健康中国行动。

关键词：全科医学；研究生；服务基层；思想教育

随着我国进入经济高质量发展阶段以及人口老龄化进程不断加快，人民群众对卫生健康需求的不断增长与卫生健康服务供给不充分的矛盾日益突出。2020年国务院办公厅印发《关于加快医学教育创新发展的指导意见》，指出要加大全科医学人才培养

---

[*] 本文系四川大学研究生思想政治理论研究课题"学科交叉视域下研究生思想政治教育研究"，项目编号：2021YSZ19。

[**] 通讯作者：伍艳，四川大学华西临床医学院研究生工作科科长。

力度，加快培养防治结合的应用型全科医学人才。党的二十大报告提出，要把保障人民健康放在优先发展的战略位置，完善人民健康促进政策，需发展壮大医疗卫生队伍，把工作重点放在基层，如农村和社区。因此，培养复合型全科人才、健全基层卫生服务成为我国实现"健康中国"战略建设的关键和紧迫任务。

研究生教育关系着创新人才培养、国家社会经济发展、卫生健康治理能力现代化推进。党的二十大报告提出，要促进优质医疗资源扩容和区域均衡布局，坚持预防为主，加强重大慢性病健康管理，提高基层防病治病和健康管理能力。因此，需加强基层医疗卫生服务体系和全科医生队伍建设，为人民群众提供全方位、全周期健康服务。人才队伍仍然是制约基层医疗机构发展的瓶颈。基层医疗机构以高职高专医学生为主力军，存在高学历临床专业医生普遍缺乏、医务工作者年龄老化、人员配备明显不足等一系列问题。本文对高校全科医学专业研究生服务基层理念进行调查、研究，并对全科专业研究生基层服务能力的培育途径进行探讨，以期助力高层次人才积极投身健康中国行动。

一、对象与方法

（一）研究对象

为了调查全科医学专业研究生服务基层思想和能力的现状，我们以某研究型医学院校全科医学专业研究生为研究对象，向研究生说明本研究的目的，取得研究生的知情同意。研究对象的纳入标准如下：（1）全科医学专业研究生；（2）从事全科临床工作>3个月；（3）愿意配合本研究。排除标准如下：（1）非全科医学专业研究生；（2）全科医学专业进修医生、实习医生。

（二）研究方法

本研究采用问卷调查的方法，在查阅文献的基础上，结合全科医学专业研究生实际情况，设计调查问卷，调查问卷内容包括价值取向、职业和人文素养、领导能力、服务基层意识四个方面，共设计16个条目，这些条目均与研究生基层服务思想及能力密切相关。

（三）分析方法

本研究使用Microsoft Excel 2013软件录入调查数据，对问卷进行整理，并利用SPSS 25.0软件进行统计分析，使用Graphpad Prism 8.0软件作图。

二、结果

（一）基本信息

本次调查共采集到38份问卷，有效问卷为38份。如表1所示，研究对象中，男性占比36.8%，女性占比63.2%；汉族研究生占比最多，为92.1%，其他民族分别为藏族和彝族；一年级研究生占比26.4%，二年级研究生占比36.8%，三年级研究生占比36.8%。

表1 调查对象的基本情况

变量	分组	频数（n）	构成比（%）
性别	男	14	36.8
	女	24	63.2
民族	汉族	35	92.1
	其他	3	7.9
年级	一年级	10	26.4
	二年级	14	36.8
	三年级	14	36.8

（二）全科医学专业研究生的价值取向调查

在价值取向方面，如表2所示，89.5%的研究生认同（包括非常认同和比较认同）"中国梦"和"健康中国"战略。我们对研究生认为影响"中国梦"和"健康中国"战略的主要因素进行了调研，如图1A所示，18.4%的研究生认为阻碍"中国梦"和"健康中国"战略的因素是优质医疗资源被虹吸到大医院，42.1%的研究生认为影响因素是医疗资源总量不足、卫生服务需求不断增加的结构性矛盾，15.8%的研究生则认为影响因素是医疗模式以治为主，对预防的重视还不够，而23.7%的研究生认为分级诊疗制度不健全是实现"中国梦"和"健康中国"战略实现的主要障碍。

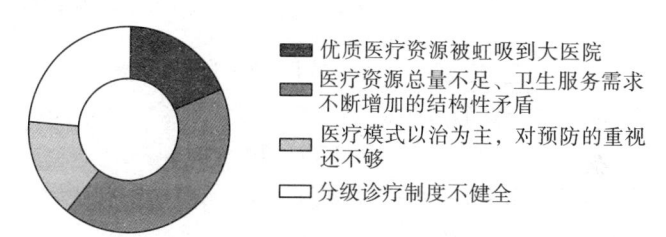

A 影响"中国梦"和"健康中国"战略的主要因素的调查分析

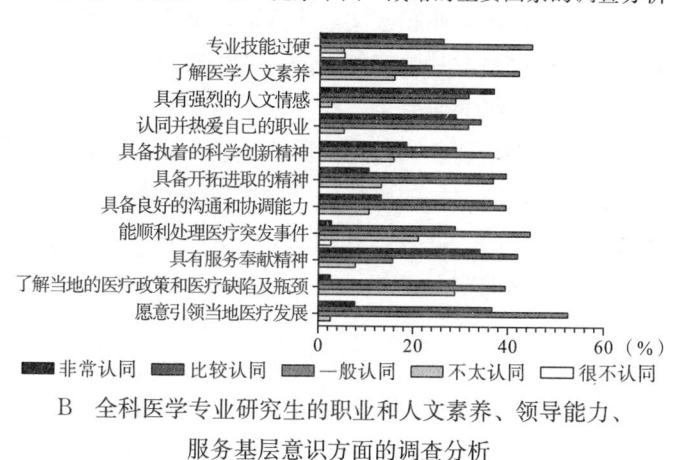

B 全科医学专业研究生的职业和人文素养、领导能力、服务基层意识方面的调查分析

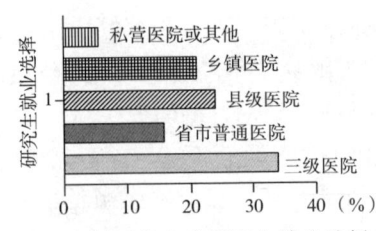

C 全科医学专业研究生就业选择

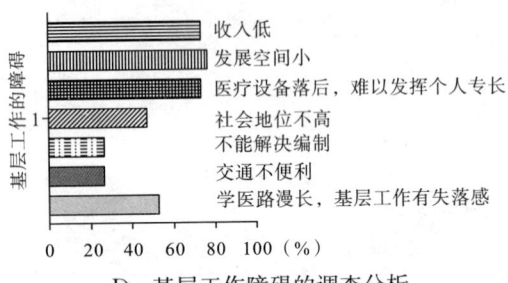

D 基层工作障碍的调查分析

图 1 全科医学专业研究生服务基层思想及能力现状的调查

(三)全科医学专业研究生的职业和人文素养调查

如表 2 所示,在职业和人文素养方面,89.4%的研究生认为自己的专业技能过硬,其中三年级的研究生对自身专业技能的自信心显著高于一年级的研究生。86.8%的研究生在校期间接受过医学人文素养课程培训。42.1%的研究生表示自己比较或非常了解医学人文素养,68.4%的研究生具有比较强烈的人文情感,如心怀善良、医者仁心。此外,如图 1B 所示,63.1%的研究生表示认同并热爱自己的职业。

表2 调查对象价值取向、职业和人文素养、领导能力、服务基层意识和能力的调查

变量	分组	频数（n）	构成比（%）	变量	分组	频数（n）	构成比（%）
价值取向					很不认同	0	0
认同"中国梦"、"健康中国"战略	很不认同	0	0	认同并热爱自己的职业	不太认同	2	5.3
	不太认同	0	0		一般认同	12	31.6
	一般认同	4	10.5		比较认同	13	34.2
	比较认同	15	39.5		非常认同	11	28.9
	非常认同	19	50	**领导能力**			
职业和人文素养					很不认同	0	0
专业技能过硬	很不认同	2	5.3	具有执着的科研精神	不太认同	6	15.9
	不太认同	2	5.3		一般认同	14	36.8
	一般认同	17	44.7		比较认同	11	28.9
	比较认同	10	26.3		非常认同	7	18.4
	非常认同	7	18.4		很不认同	0	0
是否接受过医学人文素养课程培训	是	33	86.8	具备开拓进取的精神	不太认同	5	13.2
	否	4	13.2		一般认同	14	36.8
对医学人文素养的了解程度	很不了解	0	0		比较认同	15	39.5
	不太了解	6	15.8		非常认同	4	10.5
	一般了解	16	42.1	具备良好的沟通协调能力	很不认同	0	0
	比较了解	9	23.7		不太认同	4	10.5
	非常了解	7	18.4		一般认同	15	39.5
具有强烈的人文情感	很不认同	0	0		比较认同	14	36.8
	不太认同	1	2.6		非常认同	5	13.2
	一般认同	11	28.9	能顺利处理医疗突发事件	很不认同	1	2.6
	比较认同	12	31.6		不太认同	8	21.1
	非常认同	14	36.8		一般认同	17	44.7

续表 2

变量	分组	频数(n)	构成比(%)	变量	分组	频数(n)	构成比(%)
能顺利处理医疗突发事件	比较认同	11	29.0	了解当地医疗缺陷和瓶颈	比较了解	11	28.9
	非常认同	1	2.6		非常了解	1	2.6
服务基层意识和能力				愿意引领当地基层医疗的发展	很不愿意	0	0
具备服务奉献精神	很不认同	0	0		不太愿意	1	2.6
	不太认同	3	7.9		一般愿意	20	52.6
	一般认同	6	15.8		比较愿意	14	36.9
	比较认同	16	42.1		非常愿意	3	7.9
	非常认同	13	34.2	就业选择倾向于	三级医院	13	34.2
在校期间参加过基层医疗实践	参加过一次	18	47.4		省市普通医院	6	15.8
	参加过两次及以上	15	39.5		县级医院	9	23.7
	从未参加	5	13.1		乡镇医院	8	21.1
了解当地医疗缺陷和瓶颈	很不了解	0	0		私营医院或其他	2	5.2
	不太了解	11	28.9				
	一般了解	15	39.5				

（四）全科医学专业研究生的领导能力调查

在领导能力方面，如图 1B 所示，84.1％的研究生对自我具备执着的科学创新精神一般认同、比较认同或非常认同，86.8％的研究生认为自己具备开拓进取的精神。50.0％的研究生认为自己有比较良好的沟通和协调能力。如表 2 所示，在处理医疗突发事件方面，仅有 31.6％的研究生认为自己在临床工作中能顺利处理医疗突发事件。

（五）全科医学专业研究生的基层服务意识和能力调查

在基层服务意识和能力方面，大部分研究生表示自己具有服务奉献精神（占比92.1%）。在高校学习期间，86.9%的研究生曾参加过不同形式的基层医疗实践。如表2所示，仅有31.5%的研究生表示自己比较或非常了解当地的医疗政策和当地的医疗缺陷和瓶颈，28.9%的研究生表示不太了解。此外，44.8%的研究生表示比较或非常愿意引领当地医疗发展。在就业选择中，如图1B所示，有超过三分之一的研究生倾向于三甲医院，但有15.8%的研究生倾向于省市普通医院，23.7%的研究生倾向于选择县级医院为职业发展道路，21.1%的研究生倾向于乡镇医院。如图1C所示，全科医学专业研究生认为服务基层的障碍主要是收入低，发展空间小，医疗设备落后，难以发挥个人专长。此外，学医路漫长，基层工作有失落感也是研究生对基层工作有所顾虑的原因之一。

三、讨论

本研究以优势行业院校的在读全科医学专业研究生为调查对象，采用面对面访谈及问卷的方式进行调查。研究结果显示，全科医学专业研究生对"中国梦"和"健康中国"战略的政策和医生职业总体认同，服务基层的意愿不高，收入、职业发展是研究生服务基层意愿的最大阻碍。我们认为，为了提升全科医学专业研究生服务基层的意愿及能力，可以从以下几个方面着手。

（一）实施因地制宜、因人帮扶的政策

充分利用小组学习的教学方式，设置"研究生学习小组"，按比例搭配高年级和低年级研究生。以导师小组为单位，每月定期举办学习小组活动。如开展英语翻转课堂，采用传统与创新相结合的教学方式，以理论教育配合实践的方式，从英语、文献阅读、中英文论文写作、病历书写等各方面，促进研究生的交流和沟通。高年级研究生用以教带学的方式帮扶、提高低年级研究生学习的参与度和对临床培训的兴趣，同时提高其总结、归纳、表达自我的能力,提升其整体综合能力。

(二)制订并推进"以需求为导向,以临床能力培养为核心"的培训计划

为解决基层地区医疗的实际需求,全科专业研究生的临床业务培训侧重于常见病、多发病的诊断及防治,尤其是常见慢性病社区管理、高原相关疾病防治。针对不同年级的研究生制订分层递进的培训方案(邓世秋,苏巧俐,安康等,2021)。

(三)制订分阶段式教学计划

将全科医学专业研究生的临床轮转划分为"全科理论—临床实践—社区运用"三阶段,强调专业知识进阶的"渐进式"思路。同一科室不同时间的培训会增加不同病种的暴露量,因此,错开不同科室的培训可增加全科医师的短期及长期的反思机会,分年级完成轮转中专项技术及技能实践要求,制订"穿插同步""全程整合"为原则的轮转计划。

(四)社会实践强化研究生基层服务能力

自2018年开始,我校与拉萨市多个综合医院和社区卫生服务中心签订长期对口援助协议(安康,饶昕,苏巧俐等,2021),每年定期到拉萨、甘孜州等地区开展定期培训基层医生等工作,并积极督促研究生参与基层培训授课。此外,我校已与成都市六个社区构建三甲综合医院全科社区实践基地。依托社区实践基地,全科医学专业研究生在带教老师的指导下,参与社区病人的全程管理和患教服务,亲自参与分级诊疗,以沉浸式实践培训方式提高核心岗位胜任力。如表3所示,全科医学专业研究生医师核心岗位胜任力涵盖医疗服务能力、管理能力、教育能力和学术能力。我校在院内定期开展线上、线下义诊,并在全科专业联盟的成都高新社区、芳草社区等多个社区开展社区内义诊。通过不同形式的基层医疗实践,训练全科医学专业研究生的独立接诊能力,从而提高全科专业研究生的核心岗位胜任力。同时,鼓励全

科医学专业研究生参与假期社会实践，在实践基地内深入社区、家庭，开展慢病监测、健康宣教、科普知识等工作，提高专业和人文素养。

表3　全科医学专业研究生医师的核心岗位胜任力

核心能力	具体内涵
医疗服务能力	以患者为中心的综合评估和基于循证医学的临床问题处理、医患关系构建、"医防融合"公共卫生服务能力
管理能力	领导力、有效沟通与团队协作、首诊与转诊服务
教育能力	备课授课技巧、临床带教能力、健康教育
学术能力	实践与学习、科研能力、保持高质量行为水准

（五）创设公众号，科普全科专业知识

全科医学有较强的实践性，在与服务患者科普互动的过程中，我们发现预防宣传的需求甚至高于医疗科普，团队试点创设全科方向大众科普公众号，由三甲医院内高年资医生定期进行维护和更新，高年级研究生协同维护。结合不同时节、生活饮食的特点，以通俗易懂的语言，普及常用知识，对易误导问题进行科学解答。针对基层地区特有的生活方式，以图文并茂的形式向民众传递防治疾病的知识。

四、总结

国家推动医疗重心向基层下移，提升基层医疗服务治疗，满足人民群众的服务需求，既给全科医学专业研究生提供了更大的发展机遇，也对高校培养人才及其社会服务能力提出新的挑战。高校应在加强全科医学专业研究生专业教育的同时，强化研究生服务基层的意识，提高研究生的核心岗位胜任力。

参考文献：

安康，饶昕，苏巧俐，等. 西藏自治区全科住院医师规范化培训委托培养的探索 [J]. 中华全科医师杂志，2021，20（7）：807-811.

邓世秋，苏巧俐，安康，等. 全科规范化培训医师科研培训现状与需求调查 [J]. 中华全科医师杂志，2021（2）：230-233.

提质与增效：新时期高等院校来华留学生管理与服务机制构建研究

邵 燕

(四川大学法学院　四川成都　610041)

摘　要：十八大以来，我国高等院校来华留学生在规模、层次、专业以及培养质量等方面已经有了较大的提升和发展。但来华留学生高等教育仍然处于发展阶段，管理和服务中还存在诸多问题。针对这些问题，本文提出相关建议。

关键词：新时期；高等院校；来华留学生；管理与服务

　　2016年教育部印发《推进共建"一带一路"教育行动》，提出要全面提升来华留学人才培养质量，把中国打造成为深受各国学子欢迎的留学目的国。随后，《学校招收和培养国际学生管理办法》《来华留学生高等教育质量规范（试行）》《中国政府奖学金工作管理办法》相继出台，以规范高等院校留学生管理制度与服务体系。在教育部门的支持和各高校的努力下，高等院校来华留学生在规模、层次、专业以及培养质量等方面有了较大的提升和发展。但是，我国来华留学生高等教育仍处于发展阶段，管理和服务中仍然存在诸多问题，主要表现为管理规定较为零散，较少具有针对性和创新性的管理方案；管理人员分工不够明确；高校之间的管理规定存在较大的差异，教学内容与方法参差不齐，导致教学水平和成效差距较大。我们认为，聚焦区域特色，创新国际学生教育管理机制、提升服务水平是新时期高等院校来华留学生工作的核心内容。

一、我国高等院校来华留学生现状及特点

（一）来华留学生规模稳步增长

随着"一带一路"倡议的推进和我国高等教育对外开放的进一步发展，我国高校来华留学生规模稳步增长。据教育部统计数据，中国已经成为亚洲最受欢迎的高等教育留学目的国。2018年，共有49.22万名留学生在我国高等院校学习，较2017年增长0.62%（王忠良，赵裕彬，王蓓，2020）。来华留学生主要分布在全国31个省（自治区、直辖市）的1004所高等院校、科研院所和其他教育机构。

（二）来华留学学历生比例显著提高

2019年，来华留学学历生比例为54.6%，比2016年提高了7个百分点；在我国学习的"一带一路"沿线国家留学生占比达54.1%。研究生占比也同步增长。研究生人数达8.5万人，比2017年增长12.28%。①

（三）来华留学生的专业结构不断优化

2019年，工科、管理、理科、艺术、农学专业的留学生数量增长明显，同比增幅超过20%。究其原因，一是我国高等院校的国际影响力日益增大，自然学科专业教育越来越具有吸引力；二是中国与沿线国家的经济合作愈加密切，中资公司在亚洲、非洲国家的合作项目为留学生就业提供了良好的前景（史玉才，2017）。目前，我国高校的来华留学生较多来自印度、巴基

---

① 数据来源：教育部官方网站［2023-3-21］http://www.moe.gov.cn/fbh/live/2020/52834/mtbd/202012/t20201222_506945.html.

斯坦、斯里兰卡及中亚和非洲国家。这些国家的基础建设水平较为滞后，对医疗、工程等方面的就业需求较高（孟宜婷，2020）。这也是很多来华留学生较多选择临床医学、药学、软件工程、土木工程等学科的原因。

二、高等院校来华留学生管理与服务中存在的问题

（一）教学形式不合理

一项针对来华留学研究生的培养质量调查显示：近80%的来华留学研究生认为语言障碍是其在留学过程中遇到的最大困难。造成这一问题的主要原因是我国高校，尤其是一般地方院校英文授课比例较低。这项调查还显示：来华留学研究生对中国课堂的教学内容、教学和评价方式的满意度较低。很多来华留学研究生认为所在学校的教学方式偏讲义型讲授，课堂讨论较少，学生的课堂参与度不高；文科和社会学科考核评价则以记忆为导向，评价标准不易掌握。同时，我国高校，特别是地方普通高等院校具有国际化思维能力、较强专业知识水平和具有专业英语教学能力的教师较缺乏，国际化专业课程开设不足，相较发达国家，教育理念及教育教学手段还有差距。按照国际化标准，教师跨文化理论知识相对匮乏，专业化水平和实际应用能力普遍不足，无法应对来华留学生跨文化适应过程中出现的种种问题（孟宜婷，2020）。

考虑到部分来华留学生汉语言基础较差，许多地方院校出于提高国际化水平、建设创新课程等方面的考虑，多以设立全英文专业的方式接收留学生，不易保证与中国学生的教学计划、教学质量等同。这导致在同一所高校中，对留学生和对中国学生的学术水平要求不同，一方面，对高校持续培养留学生、提高海外声誉可能造成不利影响；另一方面，可能导致留学生对于专业水平产生落差。此外，部分教师反映，由于学生来源地不同、学习基础差异较大,很难把握上课的进度(孟宜婷,2020)。

(二)培养过程管理不足

开题报告、中期考核、学位论文质量、发表论文要求等培养制度对人才培养质量至关重要。调查发现,来华留学研究生对开题报告、学位论文认同度很高,但对研究生培养过程中的中期考核以及资格考试在教学流程中的作用的评价较低(史玉才,2017)。通过访谈来华留学研究生和管理人员,我们发现个别高校在这些环节形式化现象严重。究其原因,主要是语言障碍:如果按照英语授课要求执行全英文中期考核,管理上难以操作;按照汉语要求,来华留学研究生不具备相应的汉语水平。因此,一些高校的中期考核流于形式,难以发挥中期考核对来华留学研究生学习和研究质量的把关作用(史玉才,2017)。

为保证研究生的培养质量,部分高校现行的来华留学研究生学位授予标准与国内研究生一致,要求学位申请者毕业前必须公开发表论文或取得一定的科研成果。此要求没有考虑到留学研究生的个性化学习需求和目的,不仅给学生造成巨大的学习压力,也降低了他们来华学习的积极性。

我国留学研究生教育还处在发展阶段。留学生的生源质量参差不齐,少数指导教师对留学生的出勤率、考试评分、毕业论文答辩等培养的过程管理把关不严,难以提高留学研究生的培养质量。

(三)日常管理特殊化

目前,国内高等院校均制定了一系列有关留学生教学和管理的规章制度,但是有些高校在留学生教学和管理方面存在"特殊照顾"现象,并未严格执行相关规章制度,尤其是未严格执行教学质量标准,造成"宽进宽出"和"留学生特权"现象。大多数高校沿用传统留学生管理模式,将国内大学生与来华留学生分开管理,同专业不同课,这种管理机制可以提高学校管理留学生的便捷性，但会引起"留学生特权"等现象的产生。部分高校为不同文化、不同特点的留学生制定与国内学生不同的管理机制，这会导致国内学生对留学生管理提出质疑；特殊化的管理方式也会让某些来华留学生产生优越感，长久来看会给高校来华留学生管理带来较大的风险（孟宜婷，2020），也不利于来华留学生与高校同专业学生间的文化互动、语言交往和相互学习。

三、高等院校来华留学生管理与服务机制建构

（一）创新管理与服务模式

高校外国留学生来自不同的国家和地区，有着不同的种族背景、政治背景、历史背景和文化背景，思想意识、宗教信仰和风俗习惯也各有差异，管理难度较大。而部分留学生管理人员英语能力欠佳，对教学规律、课程设置、教学过程等没有较为系统的认识，建设高素质的专业的留学生管理队伍显得尤为重要。具体管理分工上，国内高校来华留学生的日常管理一般由为数不多的留学生管理办公室人员负责，各学院仅负责教学安排。这种传统的集中管理模式已不能适应来华留学生教育发展的新形势，需要加快建立新的管理模式与工作规范，以提升国际学生管理水平（贺超，2020）。

（二）设置留学生培养方案

大部分高校对留学生培养采取的是趋同化培养模式，即留学生和中国学生的课程和考核要求相同，缺乏专门的留学生培养方案（孟宜婷，2020）。留学生和中国学生的培养目标不完全一样，中国学生的课程设置和教学形式也难以适应留学生的求学需求，有些学科的实习要求、授位要求中外明显不同。因此，根据留学生的特点及其今后的发展规划，设计专门的方案，对于规范教学过程管理、提高留学生培养质量尤为必要。

（三）深化课程内容和教学方法改革

高校要在不断完善来华留学生培养方案的基础上，全面深化教育教学改革，要特别注重来华留学生个人素质和能力的培养，特别是汉语应用能力和水平的提高。同时，在保证教学质量的前提下深化课程内容和方法改革，例如：结合课程实践环节，组织学生参观学习、外出考察，积极增进来华留学生对中国优秀传统文化的了解，增进国内外学生间的交流。要加强校际学术文化交流，积极开拓"一带一路"沿线国家和其他地区的中、短期等不同层次留学项目，不断扩大多层次交流学习的机会，促进来华留学生的培养质量提升。

（四）适当调整学位授予规定

我国研究生学位标准相较于多数留学生派遣国，在学制、论文水平、毕业等方面的要求都相对较高，来华留学生难以完成。可以考虑根据派遣国的需求、留学生的教育背景以及制度差异等，设置相应的学位授予条件。实际操作中，应在实现相同教育目标的前提下，对来华研究生学位授予标准予以适当放宽。

（五）推行高等学校来华留学质量认证制度

在规模发展阶段，教学质量评价由各个高校自发、自主进行。当下我国的高等教育已步入内涵式发展阶段，建立符合我国国情的来华留学质量保障和评价体系成为迫切需要。2016年，教育部委托中国教育国际交流协会开展全国性来华留学高等教育质量认证工作，目的是引入第三方认证机构，从国家层面规范来华留学教育，建立具有中国特色的来华留学高等教育质量认证方法与体系，为评价高校的来华留学教育教学质量提供客观标准，并向政府和社会提供客观、公正的认证结果（贺超，2020）。来华留学高等教育质量认证指标体系主要从办学指导思想、管理与服务水平、办学条件、教学与实践、办学成效等方面，对高校来华留学教育进行检测和考核；认证过程注重"以评促改、以评促建、以评促管";根据认证分值确定认证有效期,认证有效期满,学校应再次申请认证。该认证为自愿参加,所以目前参与认证的高校还很少,可以考虑将认证普及化,在国家奖学金的对外招生宣传中附上各高校认证评分,以鼓励接收来华留学生的高校加入认证考核。

2019 年 2 月,中共中央、国务院印发《中国教育现代化 2035》,提出开创教育对外开放新格局,全面提升来华留学质量。探索新时期高等院校来华留学生管理与服务提质增效的有效途径,内在契合了国家教育领域从规模扩张到提质增效的价值追求,外在推动了我国教育强国建设和教育对外开放事业,是促进来华留学生教学事业的必由之路。

参考文献:

程伟华,张海滨,董维春."双一流"建设背景下来华留学研究生教育质量研究——基于学生发展理论[J].学位与研究生教育,2019(1):64-71.

贺超.我国高校来华留学生培养现状与发展趋势[J].文教资料,2020(28):21-24.

孟宜婷.高校来华留学生管理与培养质量提升的若干思考[J].通化师范学院学报,2020(11):141-144.

史玉才.高校留学生培养现状、存在问题及建议[J].中国成人教育,2017(14):73-76.

王忠良,赵裕彬,王蓓.来华留学研究生教育研究现状及若干问题探讨[J].教育教学论坛,2020(25):175-176.

邹佳静,张光明,王宇鑫."一带一路"战略下来华留学生教育发展的机遇、挑战与对策——以江苏省高校为例[J].教育现代化,2018(35):169-171.

新时代研究生综合素质评价和提升的路径探讨
——基于"五角星"模型的问卷调研分析

吴 宇[1]　于家伟[2]

(1 四川大学研究生院　四川成都　610065；
2 四川大学经济学院　四川成都　610065)

摘　要：在新时代国家深化教育评价改革和推动研究生教育创新发展的背景下，为更好地开展研究生综合素质评价，本文构建了以三大能力为核心、包含五个维度的研究生综合素质评价体系"五角星"模型，依据该模型在川渝高校中开展调研，并依据调研结果提出了提升研究生综合素质评价的路径。

关键词：研究生综合素质；"五角星"模型；改进措施

　　党的二十大报告强调，教育、科技、人才是全面建设社会主义现代化国家的基础性、战略性支撑，要全面提高人才自主培养质量，着力造就拔尖创新人才，聚天下英才而用之。研究生作为青年群体的中坚力量、科教兴国战略的关键主体和经济社会发展人才队伍的重要部分，肩负着建设社会主义现代化强国的历史使命。如何对研究生培养质量进行评价，并进一步完善优化研究生培养体系，是新时代研究生教育管理的重大现实问题。

一、研究生综合素质的"五角星"模型

对研究生培养质量进行评价，关键在于设计一个科学的评价模型。研究生培养中强调开展研究的能力，即进行创新尤其是学术创新的能力，这是其与本科生培养最大的区别所在。因此创新素质应被置于研究生综合素质体系中的关键位置。2020年9月教育部等三部委发布的《关于加快新时代研究生教育改革发展的意见》指出，坚持育人为本，以研究生德智体美劳全面发展为中心，把立德树人成效作为检验研究生教育工作的根本标准；坚持需求导向，扎根中国大地，全面提升研究生教育服务国家和区域发展能力；坚持创新引领，增强研究生使命感责任感，全面提升研究生知识创新和实践创新能力。这说明研究生的培养要求是"既要全面又要突出"，"全面"就是德智体美劳全面发展，"突出"就是具备较强的知识创新和实践创新能力，能够服务经济社会发展。

基于此，本文所要构建的研究生综合素质体系模型由"五大素质"和"三大能力"共同组成，我们称之为研究生综合素质"五角星"模型（图1）。"五大素质"中，身心素质指生理和心理健康，起到打基础的作用；思想素质指立场正确、思想健全、品德高尚，起到明方向的作用；业务素质指掌握的知识和技能，起到造骨干的作用；人文素质包括具备人文知识、理解人文思想、提高人文情怀，起到育人格的作用；创新素质则是指批判思考、追求真理和献身科学的品质，是研究生最独特的素质。"三大能力"是指知识创新能力、实践创新能力和服务社会能力。知识创新能力是指学生在理论知识层面的再创造能力，如提出某种新的概念或者提出某种新的理论。实践创新能力是指学生创造性运用所学知识和技能进行实践的能力，如发明某项专利、形成一种新的管理模式等。服务社会能力是指基于自我奉献意识的、有

利于经济社会发展公共利益的能力。

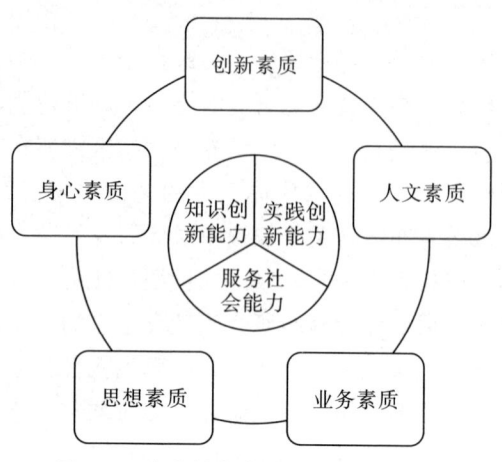

图 1 研究生综合素质"五角星"模型

基于"五角星"模型,在"五大素质"下进一步设计了二级和三级指标。这些指标多为可量化指标,共同构成了完整的研究生综合素质评价指标体系,如表 1 所示。

表 1 研究生综合素质评价体系

一级指标	二级指标	三级指标
身心素质	生理健康可持续	体质健康测评
		体育比赛获奖情况
	心理健康可持续	心理健康测评
		心理讲座、培训参加次数
	文体类特长	掌握几项文艺或体育特长

续表1

一级指标	二级指标	三级指标
思想素质	思想道德修养	学术道德诚信
		志愿服务时长
		民主互评得分
	政治观念立场	正确理解形势与政策
		维护民族团结
		不发表不恰当言论
		获得思政类荣誉
	纪律法律意识	遵守校纪校规
		遵守党纪国法
		法律知识测评
业务素质	专业知识掌握	课程平均绩点
	外语能力掌握	英语四六级或雅思等其他考试成绩
	社会实践能力	社会实践次数
		社会实践获奖次数
	组织管理能力	学生干部任职情况
		学生工作获奖情况
	各类技能掌握	各类专业技能证书获得情况
人文素质	各类人文活动	文化活动参与情况
		文化活动获奖情况
	跨学科交流	跨学科课程修习情况
	人文知识学习	人文讲座参与次数

续表1

一级指标	二级指标	三级指标
创新素质	学位论文质量	学位论文所获评价
	学术成果评价	产出论文情况
		参与课题情况
		科研成果转化情况
		参加学术会议情况
	学科竞赛获奖	国际级学科竞赛获奖情况
		国家级学科竞赛获奖情况
		省部级学科竞赛获奖情况
		校级学科竞赛获奖情况
	创业实践能力	创业比赛参与情况
		创业比赛获奖情况
		创业实践情况

二、问卷设计与调研结果

为了运用本模型对当前研究生群体综合素质水平进行调查，并为新时代研究生综合素质评价的路径探讨提供依据，本研究采用问卷调查法，设计了《研究生群体综合素质培养情况调查问卷》。问卷共有50个题目，与前文提出的研究生综合素质评价体系中的量化指标挂钩。问卷面向川渝地区十余所高校以及西安市几所高校发放。

（一）调研基本情况

如表2所示，调研样本为800人，其中硕士研究生740人，博士研究生60人；人文社科类研究生占41.12%，理工农医类研究生占56.88%，军事艺体类研究生占2%。

表 2 调研样本基本信息统计

基本信息	分类	计数	百分比
性别	男	306	38.25%
	女	494	61.75%
年级	硕士研究生一年级	484	60.5%
	硕士研究生二年级	203	25.38%
	硕士研究生三年级	53	6.62%
	博士研究生	60	7.5%
学位类型	学术型硕士研究生	519	64.9%
	专业型硕士研究生	221	27.6%
	博士研究生	60	7.5%
政治面貌	中共党员（含预备党员）	368	46%
	共青团员	398	49.75%
	民主党派	2	0.25%
	群众	32	4%
专业类型	人文社科类	329	41.12%
	理工农医类	455	56.88%
	军事艺体类	16	2%

（二）模块分析结果

身心素质方面，调研显示研究生群体的身心素质情况并不理想，主要表现在以下三个方面。第一，睡眠质量和身体健康认知较差。认为自身睡眠质量"一般"、"比较差"和"非常差"的样本分别占比41.88%、13.5%和3.13%。有10.5%和1.38%的受访者认为自身身体健康状况"比较差"或"非常差"。第二，上进动力有所欠缺，情绪管理能力有待提高。在问及"是否会间

43

歇性对未来迷茫，乃至不想努力"的问题时，仅有 24％左右的受访者表示"比较不符合"或"非常不符合"。第三，对心理健康教育不积极。对参加心理讲座或培训"比较不积极"和"非常不积极"的样本占比分别为 24.5％和 12.13％，积极参加的受访者占比不到 20％。

思想素质方面，调研显示研究生群体思想政治素质较好，底线意识和大局意识强，但也存在如下两个问题。第一，志愿服务意识不够强，志愿服务参与度较低。每学年志愿服务时长在 10 小时以内、11～30 小时、超过 30 小时的受访者占比分别为 53.8％、31.88％和 5.38％。第二，理工农医类研究生对时政热点、党和国家方针政策的了解不足。"一直关注"时政热点和国家方针政策的理工农医类学生占比低于人文社科类学生 7 个百分点，低于军事艺体类学生 4.5 个百分点。

业务素质方面，调研显示研究生群体的学习成绩和外语水平普遍较好，且普遍愿意采取多种措施提高专业能力和外语水平。但也存在对专业技能证书重视程度不够的情况。有高达 67.5％的受访者未考取专业技能证书，有 21.38％的受访者仅考取了 1 项专业技能证书，考取 2 项及以上专业技能证书者占比仅 10％左右。另外，调研显示在研究生阶段"从未进行社会实践"、"进行过 1～2 次社会实践"和"进行过 3～4 次社会实践"的受访者占比分别为 30.88％、47.75％和 14.63％。

人文素质方面，调研显示研究生群体的人文素质水平较高，高达 85.85％的研究生对人文素养的内容"了解"或"非常了解"，有 97％的受访者对人文时事热点"关心"或"非常关心"。研究生群体对于提升自身人文素养水平有较大需求，"观看相关人文媒体资料""广泛阅读古今中外经典著作""参加人文相关讲座和报告""参加有关读书、影评等人文兴趣社团"等措施赞同比例均在 50％以上。

创新素质方面，调研显示研究生群体创新素质水平并不理想，主要体现在以下五个方面。第一，创新意识不够强。认为自身创新意识和能力"一般"、"较差"和"非常差"的受访者分别占比65.5%、11.88%和2.88%。第二，参加学科竞赛不够积极，获奖人数较少。"未参加过学科竞赛"和"参加但未能获得奖项"的受访者占比分别为64.75%和68.13%。获得校、市、省、国家级奖项的受访者分别占比13.88%、3%、7.26%和5.88%。第三，进行系统性学术训练情况较差，学术产出不足。参与纵向课题对研究生而言是一种较为系统性的实用学术训练，但问卷结果显示有68.5%的受访者尚未参与纵向课题。第四，对学术交流活动不够重视，未参加过学术会议、参加过1~2次、参加过3次以上的受访者分别占比68.25%、19.88%和11.88%。第五，创业意愿较低，创业能力较差。未进行过创业实践、进行过但未成功、创业成功的受访者分别占比88.75%、8%和3.25%。

（三）交叉分析结果

基于性别来看，女生的平均课程成绩显著高于男生，平均分在90分以上的女生人数高出男生5个百分点，且女生的外语水平显著高于男生，英语六级通过率高出男生17个百分点。但女生在创新意识和创新能力层面的自我认知不如男生，认为"自身的创新意识和创新能力较强或非常强"的女生人数比男生低11个百分点。女生参加学科竞赛的积极性也略低于男生，未参加学科竞赛的女生比男生多5%。

基于年级来看，高年级硕士研究生对于本单位研究生培养同社会需要的匹配程度满意度最低，有高达70%以上的高年级硕士研究生选择了"存在一定不匹配"和"完全不匹配"，对未来就业的焦虑显著高于低年级硕士研究生和博士研究生。这很有可能是因为高年级硕士研究生面临择业就业时遭遇了困难和挫折，进而认为这与自身的教育培养体系有较大关系。

基于专业来看，人文社科类研究生对于本单位研究生综合素质培养改革的赞同比例显著高于其他学科研究生，认为"所在单位研究生综合素质培养需要改革"的受访者在人文社科类中占67.58%，显著高于理工农医类的56.04%和军事艺体类的50%。

三、研究生综合素质的提升路径

调研结果显示，研究生群体整体综合素质水平较高，但在五大素质层面均存在一些不足。同时，交叉结果显示，研究生综合素质水平在性别、年级和专业维度上存在差异化。因此，研究生综合素质评价的改进路径应遵循全面但又侧重的原则。

一是提高身体素质。要密切关注研究生的体育锻炼情况，设置学生个人体质健康档案，并定期将学生体检结果上传更新。通过开展趣味性强、丰富多彩的健身运动，完善体育设施与器材建设，引导研究生参加体育锻炼。要加强心理健康教育宣传，确保每个学生了解心理咨询热线、预约流程和自我干预机制，发挥朋辈互助作用，及时发现隐患。尤其是要做好研究生心理健康筛查和日常监测。

二是提高思想素质。要加强研究生思想政治教育，尤其是针对课程思政实施难度较大的理工科专业，要多开展红色遗址参观、红色观影活动、形势政策讲座等趣味性强的思政教育活动。要加强劳动教育和志愿服务教育，完善志愿服务系统信息的录入和活动的发布，开展多种志愿服务活动，提高研究生群体志愿服务意识和劳动实践能力。要加强学术道德教育，规范和完善研究生学术道德和论文写作规范课程的开展，开展学术诚信反面案例展等活动，营造学术创新和学术繁荣的良好环境。

三是提高业务素质。要适时调整研究生培养方案和课程体系，加强研究生知识运用能力的培养，提高研究生所学知识的实用性。要加强研究生科研训练，引导研究生树立科学家精神，参与国家和地方重大科研项目，不断提升研究生的科技创新能力。要加强对高年级、毕业年级研究生的就业创业教育，提供简历撰写培训、模拟面试、创业孵化等帮扶。要加强专业能力和职业能力的融合教育，加强产教融合、科教融合，提升研究生的专业实践能力。

四是提高人文素质。要创新人文活动的开展方式和内容，不定期开展以人文素养为主题的辩论赛、征文、演讲或讲座等活动，或组织观看相关人文媒体资料（视频、电子书等）。加强校园文化建设，创新文化传播的载体和形式，通过完善校园人文景观（如灌木创意修剪、井盖涂鸦、创意文化墙）优化人文教育硬环境。通过运用校园广播、海报、横幅等方式做到自然和人文环境和谐统一。

五是提高创新素质。要积极争取社会资源支持，建设更多高质量校外研究生培养基地，同校内优势学科平台相衔接，发挥各种资源的集成效应。要开展更多校内学术讲座尤其是跨学科性质的学术交流活动，设立硕博学生学术论坛，邀请专家学者作为指导老师和评委，拓宽研究生进行学术交流的渠道。要完善研究生创新成果激励制度，根据各院系、各学科研究生实际情况，"一院一策"出台研究生创新成果激励政策，加强榜样宣传和经验分享，激励研究生加大创新成果产出。要加强研究生创业教育，积极组织研究生赴企业参访、邀请企业家来校开办讲座或兼任校外导师、开展模拟创业大赛、加大"创青春"等国家官方赛事宣传力度，提高研究生创业热情和能力。

参考文献：

霍明．硕士研究生综合素质测评中能力素质评价存在的问题及思考［J］．科教导刊（上旬刊），2018（34）：53－54＋61．

裴劲松，张影强．高校研究生综合素质测评理论探讨［J］．中国高教研究，2006（9）：24－27．

沈少博．研究生综合素质评价体系的构建研究［J］．技术经济与管理研究，2017（10）：35－39．

行业领军企业助力研究生职业生涯教育机制研究*

姜利寒　李颖丽

(四川大学化学工程学院　四川成都　610065)

摘　要：当前，社会人才需求与人才培养模式存在矛盾，就业质量亟须提升。研究生职业生涯规划旨在提升研究生的职业生涯规划意识和技能培训。高校教师缺乏行业企业实践经验，影响职业生涯规划的教育质量。行业领军企业有着天然的优势，对行业市场具有前瞻性和实践性，可为研究生职业生涯规划教育提供师资等方面的帮助。

关键词：研究生；职业生涯教育；行业领军企业

党的二十大明确指出，人才是第一资源，实施就业优先战略，强化就业优先政策，健全就业促进机制，促进高质量充分就业。高校毕业生是国家宝贵的人才资源，是促进就业的重要群体。为深入学习贯彻党的二十大精神，全面落实党中央、国务院对高校毕业生就业创业工作的决策部署，各地各高校紧密结合实际，创新思路举措，千方百计促进高校毕业生多渠道就业创业，奋力开创高校毕业生就业创业工作新局面。

当前，我国已经建立起全球最大的市场主体，劳动力市场规

---

* 本文系教育部供需对接就业育人项目。

模稳居全球第一。但是，就业供需信息不对称等因素，导致供需之间不平衡的现象时有发生。特别是近年来由于新冠疫情原因，面对面招聘会、双选会受到一定影响，给高校研究生的就业增加了不确定性因素。各高校高度重视就业工作，积极响应教育部的部署安排，持续开展研究生职业生涯规划精准化指导和服务，鼓励在校研究生做好个人职业生涯规划。

一、行业领军企业助力研究生职业生涯教育的必要性

就业育人是落实立德树人根本任务的必然选择。要落实立德树人根本任务，需要不断深化"全员全程全方位育人"，提升育人的高度、力度和效度。高校同重点领域领军企业供需对接，统筹联动、精准对接、合力育人具有极大的现实意义，也是"三全育人"的重要范畴，更遵循了国家的决策部署。研究生在校期间，企业通过有靶向地帮扶育人，能更早在研究生毕业之前进行"前置对接"。"前置对接"高校研究生就业工作、组织高校与用人单位精准对接，从 2021 年起得到了校企双方的积极响应。可以说，"前置对接"不仅是我国深化高等教育改革、完善市场化社会化就业促进机制的重要之举，而且是重点领域校企合作的创新实践，弥补了高校自身就业指导工作的不足。

为了提高就业质量，国家出台了一系列促就业的方针政策，各高校纷纷响应号召，然而当前社会人才需求与人才培养模式存在矛盾，就业质量亟须提升。目前，高校开设的职业生涯规划课程可以提升研究生职业生涯规划意识和技能培训，涉及教育学、社会学、管理学、心理学等多个学科，需要不同学科知识的融合（程钰淇，2022）。然而高校教师普遍缺乏行业企业实践经验，这在很大程度上影响着研究生职业生涯规划的教育质量。行业领军企业有着天然的优势，对行业市场具有前瞻性和实践性，可为高校职业生涯规划教育提供师资等方面的帮助。

二、行业领军企业助力研究生职业生涯教育途径

当前,提升研究生职业生涯规划教育质量的途径主要包括:构建多元化师资队伍,提升教师实践能力,增强在校研究生的求职和择业竞争力,优化改革职业生涯规划教育的培养机制等。

可以从"企业对话教师""教师对话企业""师生对话企业"等多维度充分调动教育活动元素,将企业导师指导、校内教师教授和知识转化应用结合,打造实践育人平台。加强对职业生涯规划教育指导老师的培训,弥补其专业能力不足、教学经验欠缺、缺乏灵活性和针对性的短板。

(一)企业对话教师

邀请领军企业的行业优秀代表,与我校职业生涯规划工作相关教师进行深入合作交流。改进传统教育内容、方法,构建创新型职业生涯规划的教育模式,助力改善教育生态环境、对口教育平台,打破教师队伍只会讲台授课的现状。打破传统教育模式,增加实践教学环节,为研究生职业生涯教育提供理论和实践的强大推动力。通过实践教学培养研究生研发、管理、营销等能力,使研究生走出校门后能够很快适应各种职业岗位的需求。

(二)教师对话企业

教师前往企业,将企业作为职业生涯规划的第二课堂,并邀请企业来校开设课程讲座和课程指导。理论和实践结合,充分发挥校企合作的效能,将社会调研、专业领域相关信息、行业发展分析、案例剖析纳入职业生涯规划教育,使研究生能尽快定位自己的社会职业身份,在实践中找到符合市场需求、适合自身发展的职业方向,引导研究生走出校园课堂、走入实训基地和企业,将实践教学与课题、专业、研发等工作结合,提升实践操作能力和水平。鼓励学校教师融入地方特色、政府和产业资源,为企业提供人才,实现双赢。

（三）师生对话企业

深化校地企合作，主动布局，通过"走出去、请进来"，拓展就业市场，为研究生搭建高质量就业平台。以人才输送为纽带，建立学生到各地就业、实习实训绿色通道，同时为校地双方的产学研合作、人才联合培养、干部交流培训等深度合作项目牵线搭桥，密切校地企合作关系，将高校智力资源融入地方经济发展和国家重大项目建设，促进校地企共赢发展。加强与重点地区企业联系，充分开展实践性和开放性的教育活动，比如人才交流论坛和企业走访，丰富理论教学形式和内容，让研究生参与企业实践活动，为第一课堂提供动力保障。

例如，化工行业需要科研能力和工程应用的结合，具有广阔的发展前景和市场需求。研究生可以依托学院科研平台，根据自己的科研背景对接对口化工大类的岗位需求，丰富生涯规划教育内容，为社会和国家需求做出贡献。

三、行业领军企业助力研究生职业生涯教育工作模式探索

校内开展研究生职业生涯教育的服务内容主要有以下四个方面。

第一，自我探索，包括剖析自身兴趣爱好、性格特征、能力特长及职业价值观等，助力学生深入解析自身情况。

第二，职业选择与适应，包括职业探索、职业决策和职业适应；引导和提高学生收集职业信息的能力，帮助研究生运用科学的方法做出职业选择；帮助学生调整心态，实现从校园人到职场人的良好过渡。

第三，求职技巧指导，包括简历制作、模拟面试辅导、着装礼仪等。

第四，友好企业加入就业指导课程，通过企业人力资源的线下与线上结合开展就业指导培训课，为在校大学生开展具有企业特点的实操性就业指导。

通过建立行业领军企业助力研究生职业生涯教育机制,一方面高校发挥了育人职能,另一方面企业履行了助力研究生成长成才的社会责任。前期高校输送企业的优秀人才,经过企业的培养,作为校友人才资源搭建了合作沟通联络平台。为校友企业举办专门招聘活动,既能为企业进一步输送人才,又能进一步拓宽高校毕业生市场化、社会化就业渠道。

(一)完善合作育人体系

高等院校在科学构建和有效落实合作育人体系时,科学地制定和落实各项制度具有极其重要的作用。在具体实施的过程中,要合理构建、科学保障完整的制度体系,如构建合作育人的评价和激励制度。

(二)构建线上线下交流平台

为了更好地方便企业和校院交流,学院搭建了信息共享的线上平台,企业和院校通过网络共享彼此掌握的学生的性格特点、兴趣爱好、学习态度等信息档案,帮助双方及时、深入地了解研究生并做好相关教育工作,同时线下定期组织召开就业相关的专题交流研讨会,及时掌握了解研究生出现的新问题、新倾向,并探究原因,采取相应的对策,有效地整合教育资源。

此外,校内教师如辅导员与企业方可以加强交流,在企业的合作平台上组建研究团队,针对学生就业的热点、难点问题以及如何有效地做好创新协同育人的工作方法,开展课题研究,搭建交流平台。

(三)优化校企合力育人的方式方法

开设名企小班行、小班名企行等品牌活动,分专业分方向建立校企实习基地,为在校研究生提供实习实践机会,或者使研究生能够切身体会企业运作、政策导向、成才方向。很多研究生对企业的认知更多是感性层面的,并不十分了解自己所学专业和技术发展的联系。建立合作，使学生在相对集中的一段时间内，全场景化地体验行业领军企业的蓬勃发展，从而内生地、自发地塑造就业价值观。从工作开展情况、学生满意度、取得效果等几个维度制定评价指标。

开展系统化的生涯教育。面向全体研究生实施全程化、专业化、个性化和智慧化的生涯教育，全面提升研究生求职创业能力。将职业生涯规划类教育（比如就业指导等课程）纳入综合素质课程，利用专业学术讲坛和专业论坛平台，邀请从事生涯规划的校内外专家为在校生提供培训课程和讲座，将职业生涯规划纳入思政教育体系，让更多研究生形成正确的职业发展观，并将其贯穿学生学前教育、入校后的成长档案，在校期间的职业目标训练、毕业前的求职训练营等（黄新华，余康发，郭瞻，2019）。专业化体现为专门设立校友联络和就业专职岗，并充分发挥毕业班辅导员、专业导师的作用，通过专业化的生涯规划与就业指导课程，结合朋辈分享和导师引领，强化专业的升学指导和行业分析；个性化是指以研究生的职业兴趣与能力测评为基础，持续开展进阶化、个性化的团体辅导和个体辅导。

参考文献：

程钰淇. 大学生职业生涯规划与就业指导的策略研究［M］. 汕头：汕头大学出版社，2022.

黄新华，余康发，郭瞻. 筑梦未来［M］. 上海：上海交通大学出版社，2019.

研究生参与科技资源科普化建设的探索与思考

——以四川大学电气工程学院为例

张 瑾 肖煜瑾

(四川大学电气工程学院 四川成都 610065)

摘 要：本文以四川大学电气工程学院为例，探讨了如何开展高校研究生参与科普建设工作，以激励研究生积极投身科技资源科普化事业，在服务大众的实践中受教育、增才干、做贡献，用所学科学知识和专业技能，为助力乡村振兴、实现教育公平、提升全民科学素质发挥应有作用。

关键词：科技资源科普化；科普研学营；小电微课堂

习近平总书记在"科技三会"上强调科技创新和科学普及是实现创新发展的两翼，应放在同等重要的位置，与此同时，随着中国特色社会主义进入新时代，人民日益增长的美好生活需要中对科学知识、科学精神、科学思想和科学方法的需求已呈现多样化、全方位、高层次态势（罗子欣，2019）。为深入贯彻落实习近平总书记关于科普工作的重要指示精神，同时结合人民对科技精神、科学文化的内在追求，满足社会公众的科普需求，不断提高公众科学素养，实现科技资源科普化，推进新时代科普事业的发展，四川大学电气工程学院在实际工作中，一直在思考和探索推动高校研究生参与科技资源科普化的途径和方法。

高校是实现科技创新、培养科技人才的摇篮，整合科技资源，推动高校研究生参与科技资源科普化建设，是实现我国科技自立自强、人才引领驱动的重要研究课题。一方面，高校研究生作为接受过高等教育的普通民众，既是科学家与公众间的黏合剂，也是科技创新的源泉以及科学普及的重要途径，可以更多地作为科普传播主体出现（赵婉莹，2020）。另一方面，高校研究生致力传播科学思想，弘扬科学精神，在全社会大力营造崇尚科学和鼓励创新的环境，提升科技资源科普化的覆盖面、渗透度、影响力，这也是高校学子勇担时代使命，体现青年责任担当的重要表现。

一、科技资源科普化的内在要义

科技资源主要包含科技人力资源、科技财力资源、科普物力资源等科技投入资源，以及论文、专利、专著、科技创新产品和人才等科技产出资源。科技资源科普化，即将科技资源转化为科普资源的过程。在该过程中，要将科技资源拓展和延伸为科普资源，赋予科技资源新的功能，以对科技资源的开发利用为基础，扩大科技资源的应用范围，实现向科普资源的高效转化（黄荣丽，王大鹏，陈玲，2020）。科技资源科普化可以实现科技资源的价值最大化以及资源的充分合理利用。

二、科技资源科普化的重要价值

（一）科技资源科普化是提升科学素质的必要手段

从长远和根本上看，以科技实力和经济实力为主的综合国力竞争，最终必然体现为国民科学素质的竞争，一个国家公民的整体科学素质水平对本国的科技发展起到了决定性作用。一个整体科学素质水平高的民族，往往拥有强大的科技创新潜力。据统计，我国公民具备科学素质的比例在 2020 年达到 10.56%，与某些科技创新强国高达 28% 的比例相比较，还存在一定差距。因此，要不断开展科普工作，促进科技资源科普化，让普通公民也参与到我国的科技事业中，使公民养成科学生活的习惯，培养公民的终身学习能力，最终形成科学普及和科技创新的良性互动，共促发展。

（二）科技资源科普化是实现科技创新的关键抓手

科学普及和科技创新相互促进、相辅相成，科技创新为科学普及提供科技资源，科学普及为科技创新注入创新活力。科技资源科普化的过程，能够让更多的公众接触到形式多样的，特别是前沿的科学研究知识，这有利于推动科研成果转化为实际的生产力，构建崇尚科学的文化氛围，从而增强民众的自主创新能力。

（三）科技资源科普化是推进"一体两翼"的重要基础

统计表明，2021 年全国共投入研究与试验发展（R&D）经费 19 677.9 亿元[①]，而科普经费筹集额仅为 161.14 亿元[②]，科普经费仅占科研经费的 0.82%，重科研、轻科普现象较为明显。因此，要打破重科研、轻科普的不平衡局面，就要充分挖掘科技资源的科普价值，努力推进科技资源科普化，这不仅能够促进"两翼"的平衡，也能实现资源的最大化利用，体现科学成果的实用价值。

---

① 中国政府网. 2018 年全国科技经费投入统计公报. (2019－08－30) [2023－03－24]. http://www.gov.cn/shuju/2019/08/30/content_5425835.htm.

② 中国科普网. 科技部发布 2018 年全国科普统计数据，一图看懂这份成绩单！(2019－12－25) [2023－03－24]. http://www.kepu.gov.cn/www/article/dtxw/84160b8e156846448fdf572aeee5a3e6.

三、电气工程学院推动研究生参与科技资源科普化建设的探索与思考

研究生作为接触、生产、实践科学知识、科学方法、科学思想、科学精神的主要群体之一，是科学普及的源头活水和重要力量，同时，研究生与科学研究的最前沿联系紧密，同从事科学传播的其他业余人员、机构和媒体相比，可以最大限度地保证科普内容的科学性和准确性。工科研究生立足于本学科本专业，更能切实了解科普受众的需求，保障科普的合理性、可接纳性。

四川大学电气工程学院为深入贯彻落实习近平总书记关于科普工作的重要指示精神，积极响应国家政策和社会需求，积极鼓励研究生参与科普建设工作，激励研究生投身科技资源科普化事业，在服务大众的实践中受教育、增才干、做贡献，用所学科学知识和专业技能，为助力乡村振兴、实现教育公平、提升全民科学素质发挥应有作用。学院研究生目前主要进行了四个方面的科技资源科普化探索与实践。

（一）携手研究生支教团，助力科普进乡村生活

贫困山区小学生科学素养相比于发达地区的小学生存在明显差距。究其原因，贫困山区师资力量薄弱，经济条件受限，社会环境落后，多数家庭对青少年科普教育重视程度不够，很多科普课程只停留在浅层形式上（陈庄，2016）。电气工程学院每年选派 1~2 名学生参与中国青年志愿者扶贫接力计划研究生支教团项目，前往四川省凉山彝族自治州进行为期一年的支教工作。"扶贫先扶志，扶贫必扶智"，在一年的支教工作中，除了课程教学，支教老师会利用课余时间有意识地给当地孩子上一些科普课程，结合电气工程专业特色，讲授与电有关的生活常识、电气工程领域的代表性科技成果等，此外，还会给他们讲述丰富多彩的大学生活和繁华的都市故事，搭建起他们对外面世界的认知桥

梁，在孩子们心里播撒下走出山区看世界的种子。

（二）依托学生社团，覆盖科普入校园生活

学生社团是高校第二课堂不可或缺的重要组成部分，与研究生会共同构建了学生活动的"左膀右臂"。志愿服务类学生社团可以作为志愿科普教育的倡导者和组织者，是高校研究生将所学科学知识回馈给社会的有效平台。电气工程学院于2017年成立了云微扶智社团，该社团基于"让每个孩子都能接收到平等的教育"的公益理念而建立。以四川大学研究生支教团服务地（均为国家级贫困县）的二十余所中小学为帮扶对象，针对贫困地区中小学缺乏科普教育课程的现状，制定"云微教育"远程科普教育方案。利用互联网技术和服务地校内已有的"班班通"电子教学设备，满足山区义务教育阶段第二课堂资源需求。依托电气工程专业背景，探索偏远地区科学普及方法，使电气工程学院的优质科技资源在偏远地区实现科普化。

（三）举办科普研学营，发挥专业实验室科普优势

高校在开展中小学生科普教育方面具有巨大的优势。高校拥有的各类实验室、博物馆、科技馆和文化馆等场地资源，是开展科普教育的重要载体（章益镛，祝莺莺，周炎振，2020）。电气工程学院积极响应中国科学技术协会号召，依托专业实验中心资源，招募研究生志愿者参与，开展面向中小学生的"电闪雷鸣，乐动科学"科普研学营活动，该活动也成为四川大学能源互联网科普基地长期坚持开展的科技志愿服务精品项目。电气工程学院科创中国科技志愿服务团的教师和学生志愿者将参观、讲解、演示、实践相结合，活动兼具科普性和趣味性。这些活动不但启蒙了中小学生关于科创方面的兴趣爱好，而且实现了高质量的科普化，为未来科技创新播下了充满活力的种子。活动本着"发挥专业优势，传播电力知识，激发科学兴趣，提升科普素质"的理念开展，是响应学校关于"建设川大风格的世界一流大学，培养德

智体美劳全面发展的社会主义建设者和接班人"号召的具体实践。

（四）打造"小电微课堂"，缩短城乡科普距离

电气工程学院的"小电微课堂"是学院特色扶智项目中的一项。学院积极响应学校定点帮扶凉山彝族自治州的要求，结合专业优势，不断创新工作思路，依托学院研究生党支部和学院支教团队，共同打造了特色远程科普扶智项目"小电微课堂"，利用在线教育让乡村孩子们共享城市科技资源，助力城乡科普一体化。

四、对科技资源科普化实践的总结与思考

当前，我国正面临百年未有之大变局，科普的内涵、理念、手段和机制也随着需求之变、环境之变、技术之变而迎来新的变化。高校作为科技资源的集中地，开展各类科普工作义不容辞。高校也是国家开展科学研究的主力军，既拥有强大的科研师资力量，又拥有众多充满活力、富于创新的研究生，是知识密集地和人才密集地，在开展科普教育的过程中，高校既可以依托大学教师掌握学科前沿知识的专业优势，又可以发挥研究生的积极性和创造性，开展各种特色鲜明的科普活动。通过总结电气工程学院的实践探索经验，我们得到如下启发。

（一）加强科技资源及区域资源整合

当前我国存在各地区发展不均衡的现象，受经济条件、社会条件所限，各地科技资源分布并不均衡。发达地区拥有丰富的科技资源，而欠发达地区的科技资源却相对贫乏。因此，进行地区内部以及跨地区的资源整合与交流，以及先进地区对落后地区的科技资源帮扶势在必行。

（二）推动科普平台及活动品牌创建

科普活动的开展离不开平台的支持，科普平台可以汇集人

力、物力，扩大影响力，为好的科普创意提供实践支撑、为优秀的科普人才提供施展拳脚的舞台。此外，还应加强科普活动的品牌创建，扩大科普活动的影响力，利用"品牌效应"，吸引更多的人参与其中。

（三）加快科普基地及科普队伍建设

在合理范围内，充分挖掘发挥高校内科研场景的科普价值，开发科研场景的科普功能，招募高校研究生作为科普志愿者，充分发挥研究生的专业优势以及亲和力，提升科学传播的效果。科普基地要面向不同人群开展有重点、针对性的活动，以点带面推动面上工作。与此同时，科普基地的日常维护离不开规范化的管理，因此，要加强对科普基地相关工作人员的培训和考评，也要建立相应的奖惩机制。

（四）发挥高校研究生及人才队伍优势

高校作为人才集中地，可以利用庞大的教师队伍和研究生队伍，将科技人力资源变成科普资源。高校教师和研究生是科学研究的生产者和实践者，他们积极参与科普工作，必然会提升科普工作的成效。通过打造科普平台、创立科普品牌、加强科普基地建设，吸引更多的教师及学生加入科普人才库，为科普工作储备力量。由于高校各个学科专业性强，各领域间科学知识迥异，因此，可以建立开放合作的人才培养和交流机制，加强学院与学院，学校与国内外各研究机构、其他知名高校和公司企业的合作，促进人才交流，实现共同培养。此外，还可邀请业界相关专家对高校科普人员进行集中培训，参与对科普工作的指导，不断提高科普人员的科普素质。

参考文献：

陈庄. 浅析科普教育对中学生科技创新能力培养的积极作用 [J]. 甘肃科技，2016，32（20）：80-82.

黄荣丽,王大鹏,陈玲.新时期科技资源科普化的未来路径思考[J].今日科苑,2020(9):62-67+84.

罗子欣.把科普放在与科技创新同等重要的位置[N].中国应急管理报,2019-6-5(1).

章益镰,祝莺莺,周炎振.教育扶贫背景下山区小学生科学素养提升路径思考[J].教育现代化,2020,7(20):71-73.

赵婉莹.浅谈新媒体时代科普传播困境下高校学生组织科普的探索——以山东大学威海天文协会为例[J].科技传播,2020,12(22):29-31.

以志愿服务为载体推进研究生党建工作探索
——以四川大学材料科学与工程学院研究生党员志愿服务小分队为例

王 娇

(四川大学材料科学与工程学院 四川成都 610064)

摘 要：近年来，越来越多的研究生加入志愿服务的行列，用实际行动服务他人，关爱社会，展示了新时代研究生的风貌。对研究生党支部而言，志愿服务活动也是党建工作的重要抓手，通过党建引领，组织研究生党员参加长期志愿服务，能更好地发挥研究生党员的先锋模范作用，深化立德树人，提升研究生党建工作实效。本文以四川大学材料科学与工程学院研究生党员志愿服务小分队为例，探索志愿服务在研究生党建工作中发挥的作用。

关键词：研究生；党建；志愿服务

研究生党员是高校青年学生的优秀代表，是新时代党和国家事业的中坚力量。志愿服务和高校学生党员教育的有机融合能够促使学生党员在实践中发挥先锋模范作用，从而达到教育青年、服务社会、促进发展的目的。党员志愿服务不仅可以使其在服务社会中实现自我价值，而且可以不断深化党性教育，提升党性修养,更好地践行社会主义核心价值观。推进学生党员志愿服务制度化、专业化、精准化、常态化、品牌化,是高校落实党的二十大精神和全国高校思想政治工作会议精神的重要举措,是新时代推进高校学生党员教育创新实践的必然要求。2017 年《普通高等学校学生党建工作标准》强调,校、院(系)党组织主体作用发挥突出,落实"四个合格"目标要求坚决有力,有效开展学习型、服务型、创新型党组织创建,领导学生党组织发挥好组织带动、工作带动、队伍带动、榜样带动作用。学生党组织在党员思想政治教育、管理、服务工作中针对性、实效性强,在推进专业学习、志愿服务、社会实践、就业创业等方面工作有力(蒋沈凯,代龙,2022)。

在此背景下,四川大学材料科学与工程学院研究生党支部着力打造党员志愿服务小分队项目。该项目始于 2005 年,已连续开展 18 年,通过长期的锤练,现在已经打造成了学院学生党员的品牌项目,在学生群体中获得了较高的认可度,产生了较广泛的的影响力,使我院研究生党员深受鼓舞。

一、志愿服务作为党建工作载体的探索情况

四川大学材料学院研究生党员志愿服务小分队主要服务的对象是材料科学与工程学院一名退休教授。该教授退休前是我院的学术带头人,为学院的发展做出了杰出的贡献。因为丈夫已去世和儿女工作的原因,教授很多时候都是独居在家。由于年老体弱,行动不便,很多家务都不能自己完成。从 2005 年开始,针对该教授的情况,由材料学院党委、研究生导师提出倡议,研究生辅导员开展指导,研究生党员成立了志愿服务小分队,党员自愿与组织引导相结合、集中活动与分散活动相补充,开展志愿服务工作。小分队每周末轮流派队员到教授家中帮助她做家务,如买菜、做饭、打扫卫生、整理房间、扶她下楼散步。平时,只要

教授有需要，小分队就去为教授提供帮助，一年四季，风雨无阻，从未间断。教授生病住院时，志愿服务小分队成员还会护送教授到医院。对于每个成员，志愿服务从研一开始持续到毕业结束，每年都有新的研究生党员自愿加入进来，志愿服务工作持续接力，成为材料学院研究生党员一个长期性、标志性的志愿服务项目，并且吸引了一批入党积极分子积极加入志愿服务的行列。根据统计，仅2022年参加志愿者就达84人次。小分队每周末固定安排2~3名党员志愿者到教授家根据实际需求开展志愿服务。疫情期间，志愿者定期与教授保持联系，了解教授的身体情况，与院工会做好对接，时刻关注教授的居家生活状况。重阳节、新年等时间节点，党支部还主动与学院工会对接，对离退休教师开展送贺卡、运送慰问物资等活动。

二、志愿服务着力提升基层党建工作中的育人实效

第一，通过志愿服务，关爱退休老教师、老专家，搭建了加强党性锻炼的平台，促进党员先锋模范作用的发挥，增强了研究生党员的服务意识、奉献意识，提高了其党性修养。利用这个实践载体，研究生理论联系实际的能力得到有效提升，在实践中为社会做出贡献的同时，树立了正确的"三观"和社会责任感。

第二，志愿者定期为学院退休老教师开展服务，通过师生交流，研究生党员学习"五老"坚定的理想信念、丰富的人生经验、优良的传统作风。小分队服务的教师为我院老共产党员、老专家，在与学生党员的交流中，她为学生们介绍了学院的创立史、学院建设过程中的艰苦奋斗史，为青年党员党史学习教育上了生动的一课。

第三，组织引导党员服务群众、奉献社会，解决群众的实际困难，弘扬传统美德，传递正能量。志愿服务为研究生党员接受全程化的党性教育提供了丰厚土壤。这对加强研究生党员的思想

政治教育，正确引领青年思想意识形态的发展方向尤为重要。此项目持续开展时间较长，已经在学院很好地形成辐射效应，为学生党员、入党积极分子、青年团员起到了很好的榜样作用。

三、工作开展的总结与反思

（一）党员志愿服务长效性机制的构建

要保证志愿服务项目有序开展下去，必须要加强和完善志愿服务长效性机制建设，关键就是对学生党员志愿者的科学组织与管理，完善组织机制，使志愿小分队更加规范化、秩序化（王尊，黄金，2022）。本项目中的志愿小分队由各年级党员自愿报名组成，负责人根据研究生的毕业情况每年会重新选拔。但是由于招募体系非常完善，在各学生党支部的大力宣传，学院导师、研究生的大力支持下，学生党员深刻地理解志愿服务的意义、志愿服务的活动信息、志愿服务的对象和需求，每次活动过程中志愿者也注重总结，过后加强反馈与分析讨论，使志愿小分队以积极的面貌和姿态出现在大家的视野。

（二）建立健全学生党支部志愿服务保障机制

为不断强化对学生党支部志愿服务的政策支持，宣传推广志愿服务精神和志愿服务文化，学院为党支部志愿服务的发展提供坚实的资金保障，党支部联动研究生分会做好在"志愿四川"系统中志愿时长录入，对参与志愿服务的党员做好工作记录。建立学生党员志愿者交流群，促进各种信息与资源的充分交流与共享。建立学生党员志愿服务的激励机制，采取以精神激励为主的原则，通过网络、现场等平台对优秀志愿者进行表彰，鼓励更多的学生党员积极参与进来，发现并宣传活动中出现的典型事件及人物。

（三）发挥研究生党员的先锋模范作用

学院要求广大学生党员带头参与志愿服务，充分发挥党员的主观能动性,让党员主动参与,主动把握志愿服务的实践机会,成为"两学一做"的实际行动者,在参加志愿服务的过程中深入体会社会主义核心价值观,彰显红色正能量。有一名博士党员在参加志愿服务后提交的思想汇报中写道:"加志愿服务的目的并不是获得某种回报,更多的是在于个体精神层面的追求。通过参加小分队的志愿服务活动,我对坚持全心全意为人民服务的宗旨更加清晰。"

　　该志愿服务项目是在党组织理想信念教育下,研究生党员自愿参与开展的,并成为不断传承的一项活动。学院广泛宣传,营造良好氛围,注重总结经验,深入持续开展与完善提高,推动服务活动的扎实、深入、持续开展。通过参加该志愿服务项目,研究生党员提高了自身的思想素质,提升了党性修养,培育和践行社会主义核心价值观。党员在服务实践活动中感受到服务社会、服务群众的快乐、光荣和价值,深化对党的宗旨的认识和理解,增强先锋模范意识,提高全心全意为人民服务的自觉性和主动性。

参考文献:

蒋沈凯,代龙. 新时代大学生志愿服务与高校党建的融合创新[J]. 科学咨询,2022(20):7-9.

王尊,黄金. 大学生志愿服务长效机制的构建与探索[J]. 产业与科技论坛,2022,21(17):269-270.

社会工作视角下研究生心理健康教育路径探究

徐青锐

（四川大学生命科学学院　四川成都　610045）

摘　要：研究生心理健康问题在一定程度上影响其自身成长和发展。本文从社会工作的视角，通过个案、小组和社区工作路径进行探讨，帮助研究生形成正确的自我认知，建立人际交往网络，获得资源和社会支持，以期健全研究生心理健康教育网络。

关键词：社会工作；研究生；心理健康教育；路径

　　随着社会节奏的加快和各方面压力的不断增加，研究生各种心理问题频发，不仅对研究生的身心健康产生不利影响，也影响到学校管理秩序和社会安全。我国研究生心理健康教育工作起步晚，现有教育路径较为单一，主要是举办讲座、日常管理、心理咨询等，而实验室、寝室、校园社区等环境发挥的教育作用有限。

　　社会工作介入研究生心理健康教育工作，就是利用社会工作的"助人自助"理念，从预防性模式、治疗性模式、发展性模式和协调性模式入手，对心理健康教育的力量和资源进行重新整理，使其与社会工作联系起来，提供实践平台，发挥各自的优势，共同为学生服务；将个案工作和个体咨询相结合，解决学生

"个性"问题；依靠小组工作和团体辅导解决学生群体中的共性问题，让社会工作的治疗和发展等功能得到最大限度的发挥。

一、研究生心理健康教育问题的现状

教育部网站发布的《2020年全国教育事业统计主要结果》显示，2020年全国在学研究生为313.96万人，与国家统计局2010年公布的数据相比，翻了一倍有余，呈现出快速增长的态势。我国正处在重大的社会转型时期，社会呈现多元化的发展，社会竞争也日益加重，研究生在学业、就业、人际关系和经济方面的压力也逐渐增大。各方面压力诱发的研究生心理问题也呈现增多的趋势，加强研究生的心理健康教育刻不容缓。目前，高校中研究生心理健康教育仍存在一些问题。

（一）研究生心理健康教育的本科同质化倾向

受传统教育观念的影响，很多高校对研究生的培养教育往往以科研为导向，以培养科学研究能力为目标，而心理健康教育完善人格魅力、促进潜能发挥、实现自我价值的重要功能容易被忽略。研究生的心理特点与本科生有明显的差异，他们更关注未来的发展，更容易产生焦虑感、迷茫感和恐惧感。在研究生培养过程中，一些高校将研究生心理健康教育看作本科心理健康教育的延续，简单套用本科生心理健康教育体系，没有针对研究生的特殊心理要求进行个性化设计，研究生心理健康教育工作存在与本科同质化的现象。

（二）研究生心理健康教育的方法和途径单一

目前，大多数高校开展研究生心理健康教育工作的主要形式是心理咨询和心理热线咨询。这两种形式均属于个别咨询，主要是针对已经出现了心理状况的研究生，采用一对一的方式进行引导、教育和帮助，具有补救性和被动性的特点。也就是说，研究生心理健康教育在一定程度上存在"重严重心理障碍问题的事后处理，轻普通群体事先心理预防保健"的不平衡倾向。

另外，研究生心理健康教育相关内容多被糅合在新生入学教育、研究所综合素质系列课程中开展，内容相对单一，在完整性、针对性和独立性方面还有待完善。

（三）研究生心理健康教育相对孤立

研究生心理健康教育需要各部门通力配合，互相协调，创建良好的系统环境。在本科生心理健康教育中，很多高校建立了成熟的教育和发展体系：心理健康中心在学校层面负责咨询和危机干预，心理辅导员在学院层面负责疏导和调解，心理委员在班级层面负责"吹哨"和预警。大学生的心理健康教育在事前预防、事发预警和事后控制等环节建立了健全的机制。在研究生教育工作中，实验室和导师的自主权扩大，导师是研究生培养第一责任人。但有些导师更多地关注研究生的科研能力培养，心理健康教育培养意识薄弱，识别和预警能力有限。由于研究生的日常生活和科研学习大多集中在实验室，学院和班级的管理弱化，对心理问题学生的识别慢、预警慢、干预慢，支持力度不够。这就导致研究生心理健康教育工作中有时会出现各个环节相对孤立、资源利用和整合不够的现象。目前，很多高校已经在尝试开展导师和辅导员协同育人工作，但仍存在很多现实挑战。

二、社会工作介入研究生心理健康教育的可行性

（一）社会工作和心理健康教育的价值理念契合

社会工作主要是为个体、群体或社区中有需求的人提供帮助，实现"助人"和"自助"，满足社会需求，促进社会发展，同时发挥社会各级网络在个体成长过程中的功能和作用（王思斌，2006）。这中间体现出的专业价值感，如以人为本、利他主义、平等待人、社会公正、个人尊严和价值、保密等，都在人际关系和个体和谐发展中具有重大的意义和价值。而心理健康教育的本质就是以人为本,关注个体的成长和发展,坚持"助人自助"的理念。社会工作和心理健康教育都遵循人本主义至上的理念,强调尊重、平等以及关怀自我(潘柳燕,2012)。所以,社会工作和心理健康教育在理念上具有契合性,社会工作介入研究生心理健康教育具有可行性。

(二)社会工作和心理健康教育的目标相一致

研究生心理健康教育旨在帮助研究生正确认识自我、接纳自我、提升自我、成长自我,最终达到完善自我的目的(刘海鹰,刘昕,2016)。社会工作作为一类专业助人和解决问题的现实活动,把解决个体困难并促进其全面发展作为目标,调动各阶层和团队的力量,主要在物质、心理和社会支持等方面为个体提供帮助,促进个体全面发展(周秀艳,2016)。心理健康教育的本质是从心理的角度出发,让个体处于最佳心理状态,发挥自身潜能,促进其全面发展。所以,社会工作和研究生心理健康教育工作的目标在一定程度上是一致的。

(三)社会工作的方式方法更具灵活性

研究生心理问题的产生不仅有自身人格特质的原因,还与家庭、学校和社会等多方面的因素有关。目前,大部分高校的心理健康教育方式主要是心理咨询这种以问题为导向的补救性方式。心理咨询侧重挖掘研究生自身的资源,激发个体的潜能,并不涉及个体之外的环境资源优化和协调,而社会工作却能够整合各方面的资源,促进个体全面发展(张亚茹,刘海鹰,2018)。

社会工作的工作方法和方式多样,如个案(许莉娅,2004)、小组工作和社区工作。多样化的工作方式可以调动各方面的资源,让研究生在各种有针对性的治疗小组、支持小组和成长小组中互帮互助,实现自我教育、自我提升和自我成长(刘梦,2003)。

三、社会工作介入研究生心理健康教育的路径

运用社会工作中的个案、小组和社区工作的模式，发挥社工系统工作能力，整合校内外各方面资源，创新研究生心理健康教育的路径。

（一）个案工作，提供个性化心理健康教育服务

以个案的形式进行研究生心理健康教育，解决研究生心理问题，需要了解研究生个体心理健康的现状、存在的问题以及个体的内心冲突，从而为研究生提供针对性的服务。个案工作针对的是个体，通过尊重、倾听、共情等技术帮助个体处理情绪，使个体正确认识自我、理解自我、接纳自我，挖掘自身优势，有效提升自信，从而从容地面对生活和学习。

（二）小组工作，构建一体化心理健康教育服务

研究生的生存和发展离不开周围的社会环境，需要通过与他人的互动、联结、共享形成自己的社会网络。社会工作强调人与环境相互协调适应。对研究生而言，同伴、家庭、学校和社会都与之关系密切。社会工作可以促进信息的协调，强化资源的链接，通过联合宿舍、实验室、家庭、学院、学校以及社区，建立成长小组或互助小组，将有同样困扰或者问题的研究生聚集到一起，使他们借助同伴之间的交流学习，缓解压力。

（三）社区工作，整合和调动心理健康教育资源

社区工作主要是通过动员社会和学校层面的力量，以社区介入的方式提高研究生的社会参与度，改变不利于研究生心理健康教育"自助"的环境，帮助其更好地融入社区和社会，从而进行心理健康教育，助力解决研究性心理健康问题。例如，学校可以在官方网站、微信公众号、微博等发布心理健康相关科普文章、新闻、通知等信息；学院可以设立心理健康专栏，发布相关文章；年级可以通过微信、QQ群等媒体矩阵，多渠道、多平台向

学生推送心理健康相关科普文章，发挥主流媒体在价值观领域的引领作用。学校和学院还可以与校外机构建立合作关系，如建立校外素质拓展基地、训练基地、实习基地和公益服务基地，针对有需求的研究生开展校外实践锻炼活动，增强心理健康教育互动的时效性。与医院、社区合作，共同开展大学生心理障碍转诊就医、心理危机评估和处理、精神医学科普宣传以及社区融合锻炼等工作。

研究生是国家和社会发展的中流砥柱，是社会发展的顶尖人才，研究生的心理健康教育工作至关重要。在社会工作模式的指导下，整合校内外各方资源，探索研究生心理健康教育发展的具体措施，能够丰富研究生心理健康教育的内涵和形式，助力研究生的教育、培养和成才。

参考文献：

刘海鹰，刘昕. 论学校社会工作和心理健康教育的关系［J］. 山东理工大学学报，2016（3）：99－104.

刘梦. 小组工作［M］. 北京：高等教育出版社，2003：56－63.

潘柳燕. 心理健康教育中的价值问题研究［D］. 武汉：武汉大学，2012.

王思斌. 社会工作概论［M］. 北京：高等教育出版社，2006.

许莉娅. 个案工作［M］. 北京：高等教育出版社，2004.

张亚茹，刘海鹰. 社会工作介入研究生心理健康教育的优势分析［J］. 学理论，2018，775（1）：111－112＋118.

周秀艳. 社会工作介入高校心理健康教育工作研究［J］. 社会工会论坛，2016（3）：132－132.

学科竞赛在研究生创新能力培养方面的作用及存在问题研究

俞晓红

（四川大学研究生院　四川成都　610000）

摘　要：研究生学科竞赛是实践教学的重要内容，是培养研究生创新能力的重要抓手，是高校实践育人的重要途径，是研究生理解产业需求、了解行业热点、接触前沿科学技术的重要渠道。引导广大研究生广泛参与学科竞赛，符合国家对提升研究生教育质量的根本要求，在培养高层次拔尖创新人才方面具有重要意义。

关键词：学科竞赛；研究生；创新；能力培养

当前，我国研究生教育在引领国家科技创新方面所发挥的作用明显增强（陈宝生，2021）。研究生创新能力的培养是研究生教育的重要任务（蓝文婷，罗建平，2022），实践活动是培养研究生创新能力的重要途径，而作为实践活动的重要内容，学科竞赛为人才培养模式的探索提供思路、为学科交叉拔尖人才的培养开辟路径。

一、研究生学科竞赛与研究生实践创新能力培养

系统性思维能力、创造性思维能力以及实践能力是创新能力的三大要素（陈立万，李红兵，陈强等，2020），能对三大要素

起到锻炼作用的活动必定有益于研究生创新能力的培养。学科竞赛是一种重要的实践活动，赛事开展的过程有对研究生的系统性思维能力、创造性思维能力和实践能力进行训练的环节，故它是研究生创新能力培养的重要载体。虽然各类研究生学科竞赛在不断发展，但是作品创新性一直都是竞赛评判的核心指标。近年来，各类学科竞赛更是得到行业相关企业的大力支持，赛题设置源于产业需求和生产实践，对研究生在实践中锻炼创新能力起到重要的推动作用。例如，中国研究生数学建模大赛、中国研究生电子设计竞赛等赛事设有企业赛道，多家企业参与企业命题。

学科竞赛是不同学科、不同专业研究生交流思想、团结协作的重要舞台，通过学科知识交叉融合完成作品的过程，是锻炼学生思维系统性和创造性的过程，这一过程可能伴随思维方式和解决问题方法的创新（杨长安，周全，2022）。学科交叉使得团队成员接触不同思维方式、多种技术和方法，更加有利于研究生运用综合思维方式去思考各种实际问题，从而起到锻炼研究生实践创新能力、提升综合素质的作用。例如，临床医学院和计算机学院的学生组队参赛时，将人工智能、深度学习等手段和大量临床病例样本、图像样本结合，得到精确的病情诊断模型。

学科竞赛是强化研究生基础理论知识与实践能力的重要抓手，研究生通过参加学科竞赛，可以夯实专业知识，促进理论与实践融会贯通，强化独立思考与解决复杂工程问题能力的培养，从实践中深刻理解科研活动的内涵（金亚旭，张克维，2022）。在竞赛过程中，研究生可以将自己的科研思路和解决实际问题的能力相结合，进而实现科研兴趣和竞赛动力的相互促进（史耀媛，李昱良，2018）。

参加学科竞赛的过程，是对研究生归纳总结能力、研究生学术信息处理能力和综合表达能力的锻炼过程。研究生在根据赛题准备参赛作品的过程中，涉及对自身学术研究的信息整合、相关知识的归纳总结；竞赛决赛环节，更是对归纳总结能力、语言组织表达能力的综合训练。学科竞赛的开展通常伴随具有针对性的校内培训和选拔活动，这为不同专业、研究方向的研究生提供了有效的交流平台。学校、学院对获奖队伍的奖励和宣传，对其他学生会产生积极的引导作用，有利于营造良好的校园学术氛围。

二、研究生学科竞赛存在的问题

中国研究生创新实践系列大赛是以研究为参赛主体的学科竞赛，包含中国研究生数学建模竞赛、中国研究生公共管理案例大赛等13项具有重大影响力的研究生专业学科竞赛（王靖，周兰，黄采伦，2020）。此外，"互联网＋"和"挑战杯"也受到各类高校、不同专业研究生团队的广泛参与，并且研究生团队的作品质量和获奖情况优势明显。然而，各种赛事举办单位差异、研究生导师对研究生参加学科竞赛的态度差异、赛事举办形式等因素对研究生参加学科竞赛的影响很大。

（一）高校对各类研究生学科竞赛政策支持不均衡

在部分高校的竞赛认定和分类目录中，中国研究生创新实践系列大赛、"互联网＋"、"挑战杯"为同一级别的赛事，如华东师范大学和南京邮电大学，但大多数高校并未出台明确的参赛实施办法和奖励办法来鼓励师生参加中国研究生创新实践系列大赛。"互联网＋"和"挑战杯"每届赛事的举办都受到党中央、共青团中央、教育部以及各级政府的高度重视，因此在高校的关注度、知名度、影响力要高于其他研究生学科竞赛。通常各大高校的教务处负责"互联网＋"的参赛组织工作，校团委负责"挑战杯"的参赛组织工作，并且高校会划拨专项参赛业务费、出台关于竞赛的具体实施和奖励办法，鼓励广大师生报名参赛。两项赛事的校内选拔、培训制度明确，参赛团队可得到专业的参赛指导。对于其他研究生学科竞赛，大多数高校并没有具体的竞赛实施和奖励办法，部分高校学生参赛的交通、住宿等费用都需要学生或者导师课题组自理，更不用说参赛指导、培训以及奖励。这会打击师生参加研究生学科竞赛的积极性，对负责竞赛组织的校内牵头单位而言，没有政策依托和经费支持，竞赛组织工作的开展十分艰难。

（二）研究生导师对研究生参加学科竞赛引领作用不够

高校对研究生导师的考核机制以及对研究生学位申请的要求，使得部分导师认为专心进行科学研究、发表学术论文、申请发明专利、承担课题项目、完成科研任务才是研究生的本职工作。客观上讲，研究生参加学科竞赛必须付出一定时间和精力来完成作品、参加决赛，特别是很多赛题要求学生具备多学科的专业知识储备，更增加了学生的时间成本，这势必和导师所认定的研究生本职工作冲突，从而导致导师反对学生参加学科竞赛。

（三）学科竞赛决赛形式不利于研究生创新实践能力的培养

参加学科竞赛是研究生走出校园、对外交流、增长见识的重要途径，是研究生加强与国内外同行专家交流与学习的重要平台。学科竞赛应该起到让不同学校、不同专业研究生交流认知、探讨学术、思维碰撞的作用，甚至通过比赛帮助研究生了解自己的科研能力、参赛作品、综合素质在本领域的层次水平。竞赛、决赛、路演、答辩环节更是研究生相互了解、取长补短、树立自信的绝佳机会。但是，参加学科竞赛的研究生团队数量逐年增长，提高了竞赛评审的工作难度，决赛环节往往分组进行，并且一个团队路演答辩时其他队伍不能参加观摩。这种分组独立答辩的形式，不能达到不同团队之间互相学习、进行思维交流的目的。

三、促进研究生参加学科竞赛的建议

（一）健全研究生参加学科竞赛激励机制、平衡各项学科竞赛的政策支持

各类研究生学科竞赛各有特色，并且大多数赛事的专业性、针对性很强，如果学校政策只鼓励研究生参与部分比赛，必然会导致全体研究生的竞赛参与度不高。此外，并不是所有作品、研究成果都适合参加"互联网＋"和"挑战杯"，就像文学方面的研究成果不适合参加医学类竞赛一样。为保证全体研究生有赛可参，学校在鼓励研究生参加学科竞赛的政策布局方面就要均衡考虑，要对其他研究生学科竞赛给予和"互联网＋""挑战杯"一样的政策支持，或者至少要有明确的参赛实施办法和奖励办法，并给予适当的资源配置。首先，要让研究生参加各类学科竞赛"名正言顺"，让研究生参加各类学科竞赛无后顾之忧；其次，要让校内研究生学科竞赛组织单位的宣传组织工作"理直气壮"，以便充分做好研究生参加各类学科竞赛的服务保障工作。

（二）改革研究生培养体系，确保研究生参加学科竞赛与培养过程紧密结合

研究生参加学科竞赛是研究生实践活动的重要内容，学科竞赛有助于帮助研究生了解产业需求、前沿科技动态，有助于培养研究生的创新思维和应用实践能力。加大学科竞赛在实践教学环节中的比重，确保研究生参加学科竞赛等创新实践活动与培养过程紧密结合，是研究生培养体系改革的重要内容（李自然，2017）。首先，学校要重视将学科竞赛和创新创业实践课程有针对性地结合（史耀媛，李昱良，2018）。随着越来越多的企业参与各类研究生学科竞赛，赛题设置和新技术、行业需求以及国家重大战略联系更加紧密，这些赛题是研究生导师在研究生培养过程中的重要素材。此外，要实现通过参加学科竞赛来培养研究生

创新能力的目的,适当的考核机制必不可少。例如,在学校对研究生培养单位的考核体系和对研究生导师的考核体系中,要充分考虑研究生参加学科竞赛的情况,将其作为学院评优和考核导师对人才培养贡献的重要指标,从而充分发挥研究生导师对研究生参加学科竞赛的引领作用。

(三)主办单位要平衡研究生学科竞赛在商业性和能力培养方面的功效

研究生学科竞赛的决赛环节是全国各地乃至世界各地研究生相互学习交流、接触新事物、了解同行业发展的重要机会,决赛应该本着公开、公正、透明以及广泛参与的原则进行。首先,确保所有参赛队伍的评审专家一致,这样才能保证对参赛队伍和作品的评价尺度一致。其次,决赛环节要公开,一支队伍决赛答辩时允许其他队伍观摩学习,同时也能起到一定的监督作用。再次,决赛环节评审专家对参赛作品的商业价值和潜力越来越看重,这种现象从某种意义上讲是行业短期需求和基于资本倾向的一种表现,但是竞赛还应兼顾培养学生能力的责任,要注意挖掘一些需要长期投入、创意十足的作品。最后,竞赛主办方要尽可能为不同高校研究生之间互相交流学习提供便利,从而使得学科竞赛成为研究生增长见闻、提升实践能力重要的平台。

四、结语

研究生参加学科竞赛有利于培养自身在实践中发现新问题、提出新方案、理解产业需求的能力,有利于研究生自身专业产学研的深度融合。学科竞赛是研究生在科研领域积极寻找突破点和创新点的有效途径,更是研究生在创新实践中增长智慧才干、树立自信、提高综合素质的重要舞台。高校应对各项研究生学科竞赛给予政策支持和资源配置,革新培养体系,重视学科竞赛在提升研究生实践创新能力方面所发挥的重要作用。

参考文献：

陈宝生. 推动"十四五"学位与研究生教育事业更好更快发展［J］. 教育发展研究，2021（4）：11.

陈立万，李红兵，陈强，等. 新形势下研究生创新能力培养的问题表征与实现路径［J］. 中国成人教育，2020（3）：45－49.

金亚旭，张克维. 基于科研与学科竞赛双驱动的创新人才培养［J］. 西部素质教育，2022，8（9）：4－6.

蓝文婷，罗建平. 研究生教育的现状与问题研究——基于2021年全国研究生教育满意度调查的分析［J］. 研究生教育研究，2022（2）：72－80.

李自然. 以高水平学科竞赛为抓手 大力培养军校研究生创新实践能力［J］. 中国研究生，2017（8）：45－47.

史耀媛，李昱良. 学科竞赛在研究生培养中的作用及提效策略探析［J］. 研究生教育研究，2018（4）：52－55.

王靖，周兰，黄采伦. 在学科竞赛中提升研究生的创新实践能力［J］. 教书育人（高教论坛），2020（3）：39－41.

杨长安，周全. "双一流"建设背景下"六位一体"化学化工类研究生实践创新能力培养模式的构建与探索［J］. 高教学刊，2022，8（11）：25－28.

依法治校背景下的学生校内申诉制度探析

马 芸

(四川大学研究生工作部 四川成都 610065)

摘 要：学生申诉制度是高校全面推进实施依法治校、维护学生合法权益的重要救济制度。《中华人民共和国高等教育法》《普通高等学校学生管理规定》对学生校内申诉制度做了具体规定，但在工作实践中还存在一些问题，需要通过加强制度和机制建设，来完善学生校内申诉制度，从而推动高校治理的法制化、现代化。

关键词：依法治校；学生校内申诉；学生权益保护

依法治校是教育领域落实依法治国方略的必然要求，有利于促进高校治理能力和治理体系的现代化，是高校建设一流大学和一流学科的重要制度保障（韩强，2017）。作为高等教育主体，学生的权利权益保护越来越受到国家和社会的重视，学生校内申诉制度作为一种化解教育纠纷的救济制度，是依法治校的具体体现，可监督约束学校行使权力，确保教育纠纷处理的正当性、公平性。本文拟梳理学生校内申诉的历史发展和现状，结合四川大学工作实际，针对制度建设和工作实践中存在的不足，提出学生校内申诉制度的改进对策。

一、学生校内申诉制度历史发展

学生校内申诉，是在校学生对学校有关职能部门或人员做出的处理或处分决定不服，认为自身合法权益受到侵犯时，维护自身权益的校内救济制度，相较于司法救济或行政复议等救济制度，具有时效快、效率高、成本低、沟通及时的优势，有利于保障学生权利（刘璞，贾萌萌，2018）。

从历史发展来看，我国的学生校内制度经历了从粗放到精细的完善过程，随着依法治校的深入逐步制度化、规范化、程序化。1983 年发布的《全日制普通高等学校学生学籍管理办法》第 42 条首次在教育立法中明确学生对学校的处分有申辩、申诉和保留不同意见的权利，但对学校哪个机构进行复查、申诉工作如何开展、学生申诉权利如何落实等问题均未涉及。2005 年 3 月发布的《普通高等学校学生管理规定》是学生申诉制度建设过程中的重要文件，对申诉范围、受理机构、人员构成、申诉时限、工作流程等做出了明确说明，构建了我国学生校内申诉制度的基本框架，对高校规范学生校内申诉工作具有指导意义。2017 年教育部再次修订《普通高等学校学生管理规定》（以下简称 2017 版《规定》），以单独章节对学生申诉相关规定进行了细化，增强了现实运用的可操作性（刘驰，2021）。

二、学生校内申诉制度存在的不足

2017 版《规定》发布后，全国各高校按照文件精神，先后修订完善本校学生管理规章制度，学生申诉制度成为重要修订内容，确保了学生校内申诉有法可依、有章可循。但从工作实效来看，学生校内申诉还存在一些有待改善的内容，主要体现在以下五个方面。

(一)学生校内申诉机构设置规定不明确

2017版《规定》对学生申诉相关制度进行了完善,但未明确规定学生申诉处理委员会(以下简称"申诉委员会")的设置原则和具体部门。实践中,高校根据对规定的认识理解和学校具体情况,将申诉委员会设置在不同部门,大致可分为三类:(1)设在学生管理机构,如北京大学、北京理工大学、哈尔滨工业大学设在学生工作部,清华大学设在学生工作指导委员会,浙江大学、南京大学设在校团委;(2)设在信访监察机构,如复旦大学、北京师范大学、四川大学设在纪委监察办公室;(3)设在学校其他行政部门,如电子科技大学、同济大学、武汉大学设在校长办公室,上海交通大学设在党政办公室法律事务室,华中科技大学设在政策法规办公室。

机构设置的不明确导致申诉委员会主要依赖学校现有行政机构,缺乏专门机构和专门人员处理学生申诉,造成学校职能交叉,同时扮演"运动员"与"裁判员"两种角色,行使复查权力时难以真正保证专业性和独立性。

(二)学生申诉处理委员会人员结构不合理

人员构成单一、师生代表弱化、第三方人员缺位,是目前申诉委员会人员结构最突出的问题。2017版《规定》为确保申诉委员会客观、公正,对人员做了相应要求,纳入了校外法律、教育专家等第三方人员。

但从目前各高校相关规定来看,首先,除申诉委员会挂靠学校行政机构外,学校职能部门人员在申诉委员会中也占比较大,容易导致在申诉工作中出现行政干预的问题;其次,教师代表和学生代表占比较小,且对其产生规则多无明文规定,往往依靠教师管理部门和学生管理部门推荐,难以保证代表人选的中立性和广泛性,尤其是"在高校与学生的教育行政法律关系中,学生往往处在弱势地位"(郭俊涛,2019),学生代表在学生申诉委员会的主动性和作用更容易受到影响和限制。此外，部分高校未明确将校外法律、教育专家纳入申诉委员会，学生也未被给予提出要求第三方参与的权利，限制了申诉委员会人员的多元化。

（三）学生申诉事项范围不广泛

学生申诉范围划定不合理学生申诉范围是申诉制度的重要组成部分，决定了学生的权益救济边界。2005版《规定》第六十条将学生申诉划定在取消入学资格、退学处理和纪律处分范围内，2017版《规定》修改为学校的处理或者处分决定，拓宽了学生申诉的范围。但在实际执行过程中，学生申诉处理委员会往往只受理与学籍处理和纪律处分相关的申诉，部分高校在文件中即明确规定学生申诉仅针对学籍处理和纪律处分。研究生高度关注的学术不端、中期分流、导生关系、奖助金评定、公共资源分配等方面出现的争议和纠纷通常未被纳入学校申诉委员会工作范围，其调查、处理工作往往由对应职能部门负责，容易让学生产生无处申诉或申诉不公的感受。学校校内申诉制度作为保障学生权益最便捷、最直接的制度，申诉范围划定不合理将直接损害学生维护自己权益的权利，违背了学生校内申诉制度的设立初衷与学生权益保护精神。

（四）学生校内申诉适当性审查原则意识不够强

学校申诉委员会在复查时可按照2017版《规定》，对学校处理或处分在事实、依据、程序等方面是否存在不当进行审查。事实上，申诉委员会在复查中往往更注重合法性审查，倾向于复查做出处理或处分的事实是否存在，依据条文是否准确，程序是否规范，而对于处理或处分是否符合情理、是否遵循比例原则、是否符合公平正义等方面还存在复查不到位的情况。出现这种情况的原因主要在于学校的处理及处分相关规定有时过于宽泛，而职能部门工作人员对规定的标准在理解和认识上也不统一。

（五）学生校内申诉监督追责不到位

任何一种权力都必须受到监督制约，否则可能导致滥用。申诉委员会也不例外，其是否及时有效履行职责，权力是否行使正当，对维护学生权益、校园公平公正秩序的实现与否有着直接关系，但目前大部分高校在对申诉委员会工作的监督和对违规违纪人员的责任追究方面缺少相关规定。校内监督追责机制的缺位，容易导致学生校内申诉出现示范行为，使学生申诉制度流于形式，无法真正起到保障和维护学生合法权益的作用。

三、学生校内申诉制度的优化路径

随着高等教育改革的不断深入，高校内外部环境愈加复杂，学生对民主、法治、公平、正义的诉求日益增长，对维护自身权益的意愿更加强烈，学校管理与学生权利之间的矛盾与冲突不断凸显，需要高校不断推进依法治校，持续优化校内申诉制度，保障学校事业高质量发展。

一是成立相对独立的申诉委员会。在设置申诉委员会时，学校"应当特别重视学生申诉制度的独立性、中立性和规范性，在体制上将学生申诉处理机构与学生管理机构适当分离，淡化学生申诉处理机构与学校的隶属关系，强化学生申诉处理结果的效力，使其在学生权益纠纷解决中发挥更权威的作用"（申素平，陈瑶，2017）。鉴于对学生的处理及处分行为多由学校行政机构做出，申诉委员会应该减少对学校行政机构，特别是学生管理机构的依赖，确保学生申诉委员会独立行使职权，提高学生申诉委员会的独立性和专门性。

二是完善申诉委员会人员配置。要合理调整申诉委员会人员组成与比例结构，降低行政部门人员比例，提高教师代表、学生代表和第三方人员代表比例，增强委员会的专业性、多元性和广泛性；加强教师代表和学生代表产生机制的规范化、民主化，应在文件中明确产生规则，保证推荐人员能真正代表和维护学生权益；加强法治教育，提高学生权利意识、法制意识，促进学生自我管理、参与学校管理的主动性，充分发挥学生代表在学生申诉委员会的作用。

三是扩展学生申诉事项范围。部分高校需及时修改本校规定中与《中华人民共和国教育法》《普通高等学校学生管理规定》等上位法相悖的内容，将人身权、财产权等学生合法权益也纳入申诉范围。此外，还可以考虑将学业评价、导学关系、评奖评优、日常管理等多方面的权益保护纳入学生申诉范围，最大限度地保障学生权益，从而及时化解校内矛盾冲突（芮振华，2022）。

四是突出对学生申诉适当性原则的审查力度。高校作为教育管理部门，应始终坚持"以人为本"的理念，突出高校的育人属性，将教育与惩戒相结合，做到宽严相济。在行使学生申诉复查权利时，申诉委员会应加强对处理及处分决定的适当性审查，判断学校相关部门在做出处理及处分决定时是否遵循比例原则，将对学生的不利影响限制在尽可能小的范围和限度。

五是建立学生校内申诉监督追责制度。申诉制度对学校管理权力起到了制约和监督的作用，推进了高校管理法制化现代化建设。同理，要确保学生校内申诉制度得到贯彻执行，则必须加强对学生申诉制度的管理、监督以及对渎职失职、违纪违规行为的追责。高校应增强委员会人员的多元性和广泛性，在学生申诉处理工作中形成多元参与、多方监督的机制；建立健全学生民主监督机制，发挥学生会、研究生会等学生组织在学生利益表达和校内学生权益保障工作中的作用（申素平，史三军，2017）；可考虑成立学生权益援助组织或机构，帮助学生了解申诉制度相关规定和流程，帮助学生在申诉过程中收集证据、指导听证、提供建议，监督申诉委员会工作规范性等。

参考文献：

郭俊涛. 行政法视野下的高校学生权益［D］. 保定：河北大学，2019.

韩强. 高校依法治校内外环境因素研究［M］. 北京：法律出版社，2017.

刘驰. 高校学生申诉制度的历史演进、运行困境及完善路径［J］. 高教探索，2021（3）：18－22.

刘璞，贾萌萌. 高校学生内部申诉制度的重构方向与完善路径——以新《普通高等学校学生管理规定》为视角［J］. 法学教育研究，2018（19）：295－313.

芮振华. 高校学生校内申诉制度完善研究［J］. 思想理论教育，2022（8）：96－101.

申素平，陈瑶. 论非诉讼纠纷解决机制及其在我国教育领域的适用［J］. 中国高教研究，2017（1）：64－69.

申素平，史三军. 高校学生申诉权研究［J］. 复旦教育论坛，2017，15（1）：5－9.

高校研究生财经素养教育融入第二课堂的路径分析

隗玉梁　郑洪燕

（四川大学商学院　四川成都　610065）

摘　要：高校研究生财经素养教育不仅是财经素养知识技能的培养，更是财经素养价值观教育，有利于高校深入贯彻立德树人根本任务，引导研究生将个人利益、家庭幸福与党和国家的伟大战略联系起来，树立正确的金钱观、财富观、消费观。结合财经素养相关课程特征及第二课堂内容丰富、灵活多样等特点，高校通过搭建研究生财经素养教育的平台，拓宽研究生财经素养教育的路径，打破第一课堂与第二课堂活动的边界，发挥研究生的主观能动性，提升研究生财经素养教育的针对性与实效性。

关键词：高校；财经素养；第二课堂

一、引言

在全球政治、经济、社会环境日趋复杂，风险和挑战不断增多的背景下，研究生财经素养不仅关系到个人和家庭的财务健康，而且对社会稳定、国家乃至全球的经济安全和健康发展有重要影响。加强研究生财经素养教育已成为我国高校落实立德树人根本任务、发展素质教育、实施人才强国战略、提升国际竞争力的有效措施。

我国财经素养教育政策框架已基本形成，相关的财经素养教育研究和实践也都在蓬勃开展，但仍存在重视程度不高、系统性不强、质量参差不齐等问题（王春春，2017）。高校第二课堂具有灵活多样等特点，是普及研究生财经素养的重要平台。本文依托第二课堂平台，结合研究生特点及财经素养相关课程特征，探索研究生财经素养教育融入第二课堂的相关路径，以期打破课程与第二课堂活动的边界，多维度提升研究生财经素养。

二、财经素养内涵及功能定位

对财经素养的认知，学者有不同的理解。有学者认为财经素养是在实践过程中进行，同时可以在不同空间形成的包含多方面财经内容的内在涵养（庄舒涵，何善亮，2016）。在此基础上，有学者认为财经素养应突出个人与家庭、社会、国家之间的关联，应重视财经价值观的引导（张男星，王春春，刘次林等，2018）。笔者认为，财经素养是指个体拥有的财经价值观念等内在涵养，以及利用财经知识、技能解决财经问题的能力和素质。具体来讲包括以下内容及特点（详见图1）。

（一）财经价值观

财经价值观是指个体在财经活动中所感知的道德责任、伦理规范的认知理解及判断（辛自强，张红川，孙铃等，2018）。财经价值观在金字塔最底端，是财经素养的精神内核，对财经行为具有重要导向作用。良好的财经价值观意味着对如何挣钱、花钱等金钱财富观念所折射出的中华美德、社会主义核心价值观拥有理性的认知。反之，错误狭隘的财经价值观则如倒金字塔，非常不坚固，为后期财经知识及技能的运用指引着错误的方向。

（二）财经知识及技能

财经知识及技能是指个体通过教育和经验等在财经生活中对储蓄、借贷、投资等财经领域的认知理解，以及运用这些知识进行个体经济决策的能力。财经知识丰富、技能高超，不一定代表具有良好的财经素养。例如，高智商的精致利己主义者，虽有较好的知识文化背景，但个人功利思想严重，甚至可能冲破法律与道德的约束，这正体现出"高财经知识及技能、低财经素养"的特点。

（三）财经行为

财经行为是指个体在财经活动中呈现出的状态和结果。

如图 1 所示，财经素养具有以下特点：（1）实践性，财经素养来源于实践又付诸实践；（2）综合性，不仅仅是专业知识，同时也是德育教育的重要载体；（3）协同性，财经素养需要个体通过自己的学习及认知多方面思考、权衡、判断。

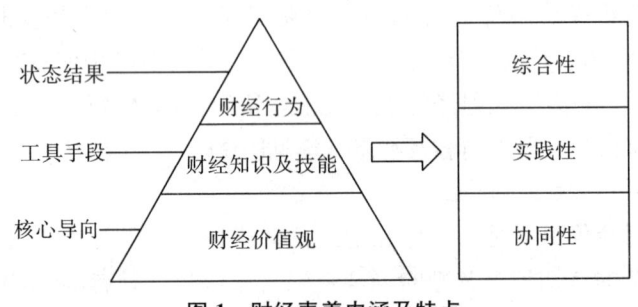

图 1　财经素养内涵及特点

开展财经素养教育对于研究生个人、高校、国家都具有重要作用。

第一，对于研究生而言，有利于其理解财经价值观，掌握运用财经知识的技能，提高财经幸福感。通过调研高校学生财经素养情况，我们发现其储蓄与投资意识相对较弱，消费习惯欠佳，缺乏长期的财经规划（宋慧，蒋诚，2020）。研究生在关注学业的同时，如果拥有良好的财经素养，在财经知识技能方面，可以更好地理解收入、消费、储蓄、投资等基础财经知识，养成良好的财经习惯，避免掉入各类"财经陷阱"，有效防范各类金融活动中的风险，在现阶段有利于控制收支平衡，同时能为后期科学合理开展家庭开支管理、理财投资、退休养老等奠定良好的基础。另外，研究生通过在财经业务活动中的不断锤炼，能理性看待"个人主义""拜金主义""享乐主义"，逐步认识到财富不仅仅利己，也要利他人、利社会、利国家，从而更好地将学习发展、财经财富与幸福生活、社会稳定、国家发展统一起来（刘海月，吴鹏，李小平，2021）。

第二，对于高校而言，有利于产教融合，促进教学改革，培养德智体美劳全面发展的时代新人。高校通过第一课堂教学、第二课堂活动等开展财经素养教育工作，不仅仅是回应经济高速发展、金融产品不断增多的社会市场需求，培养具有丰富财经知识技能的高素质人才，更是深入贯彻立德树人根本任务，充分挖掘德育元素，将思想政治教育与专业教育融合，促进教学改革，完善高校教育体系，引导研究生理性开展各类财经业务活动，树立正确的金钱观、财富观、消费观。

第三，对于国家而言，有利于维护社会稳定，提升国家综合国力。研究生拥有良好的财经素养，在财经知识技能方面，可深入了解国家、国际经济发展的历史规律及现状，有利于最大限度地降低风险，维护国家社会经济安全；同时在价值观念上，树立远大的志向，自觉将个人利益、家庭幸福与党和国家的伟大战略联系起来，有利于提升国家综合实力。

三、研究生财经素养教育融入第二课堂存在的问题及原因分析

总体来看，我国高校财经素养教育起步较晚，在课程开发、

教学方法、教学评价等方面还处于初级阶段，未结合第二课堂内容丰富、灵活多样等特点，系统开展财经素养教育。高校第二课堂育人活动有利于贯彻高校立德树人根本任务，促进校园文化建设，对培养研究生的协作能力、创新意识、奉献精神、集体意识等具有重要作用。目前，我国研究生财经素养教育与第二课堂融合互动还存在以下三个方面的问题。

第一，研究生财经素养通识课程教育体系与第二课堂活动内容融合度不够。高校第二课堂是第一课堂的补充，有利于第一课堂的深化延展，在培养研究生素质提升、意识创新、人格塑造方面具有重要的作用。目前，高校的第二课堂有涉及相关财经素养的教育活动，但研究生版块存在"碎片化""零散化"等问题，活动内容较为分散，活动版块较为独立，与财经素养专业衔接的理论研究、创新实践等相对欠缺，未与通识课程形成完整的系统，内容融合度不高。

第二，研究生财经素养通识课程教育与第二课堂组织管理协同联动性不够。一直以来，高校第一课堂与第二课堂的协同联动都是学界研究的重点与难点。研究生财经素养通识课堂教育需要实践来检验，第二课堂活动需要理论支撑和专家指导。但在实际过程中，高校不同部门开展的活动存在同质化现象，甚至存在第一课堂与第二课堂抢占资源的情况。

第三，研究生财经素养通识课程教育与第二课堂平台载体共建共享程度不高。研究生通过第二课堂平台自主策划、组织、参与活动，不仅加强了专业知识学习和社会实践，同时在活动中独立思考、展示才能，激发了内在的热情和潜能，有利于研究生实现自我教育、自我管理、自我服务、自我监督。目前，高校主要在课堂内开展财经素养教育，对青年群体特点研究不足，和第二课堂相关的学习、实践平台载体共建共享程度不高，研究生开展自我财经素养教育的能动性未能有效发挥。

笔者认为，研究生财经素养教育融入第二课堂存在上述问题的原因有如下三点。

第一，理念认识：对财经素养教育重要性的认识不足。高校层面，财经素养教育课程开设范围较小，并未结合第二课堂特点深入普及财经素养教育；学生层面，专注学习较多，参与家庭经济决策较少，与社会接触较少，未充分认识到财经素养的重要性。

第二，管理协同：财经素养教育第一课堂与第二课堂协同联动不足。第一课堂与第二课堂分管部门不同，两大课堂在育人过程中相互之间的协调、配合不够，一定程度上割裂了课堂内外教育组织管理之间的内在联系，并在具体工作中造成了研究生财经素养教育工作的分离化、碎片化问题。

第三，资源整合：财经素养教育资源整合不足。高校研究生财经素养教育具有综合性、实践性、协同性等特点。目前，高校研究生财经素养教育资源整合不强，研究生财经素养教育师资较为缺乏，实践力量较为分散，未形成统一合力。

四、研究生财经素养教育融入第二课堂路径分析

结合国外财经素养教育经验及我国国情，本文提出研究生财经素养教育融入第二课堂路线图，如图 2 所示：

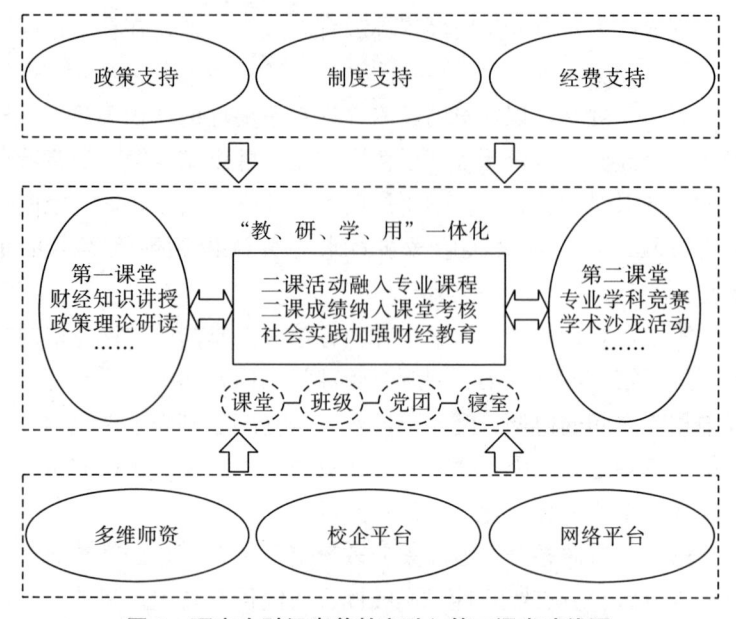

图 2　研究生财经素养教育融入第二课堂路线图

对于研究生财经素养教育融入第二课堂路径，本文提出以下三点建议。

第一，统筹规划，提升对财经素养教育的认识。针对目前对财经素养教育认识不足、财经素养相关工作零散化等问题，国家层面应高度重视财经素养教育对于国家安全和社会稳定发展的重要战略意义，充分认识到财经素养教育蕴含的德育价值，加快推出财经素养教育总体规划，出台财经素养教育国家战略，成立相关专项工作部门，为推动和普及财经素养教育做好政策保障、法律保障和资金保障。

第二，资源整合，拓展财经素养教育的平台。高校应充分调动政府、企业、科研机构、金融结构、家庭、非政府组织等力量，形成"多位一体"的校内外师资队伍，强化研究生财经素养教育师资力量。同时，多部门协同成立专委会，统筹规划学校财经素养教育，探索研究生财经素养教育"教、研、学、用"一体化模式，鼓励研究生财经素养教育相关研究的实践，开展研究生财经素养教育的课程教学、网络咨询、专题讲座沙龙、技能竞赛等活动，促进研究生财经素养教育第一课堂与第二课堂的融合互动。

第三，载体创新，拓宽财经素养教育的路径。相比本科生，研究生更具独立性。高校开展研究生财经素养教育，可采取"自上而下"+"自下而上"相结合的模式，充分发挥第二课堂灵活、自由的特点，鼓励研究生自主策划、组织、参与活动，促使研究生加深对财经素养的认识，同时在学习活动和社会实践中独立思考，激发内在的学习热情和潜能，充分发挥主观能动性，从而提升研究生财经素养教育的针对性与实效性。

参考文献：

刘海月，吴鹏，李小平. 稳金融背景下的大学生财经素养通识教育模式研究：基于大学生使用互联网消费信贷产品的调查［J］. 四川大学学报（自然科学版），2021，58（5）：165－172.

宋慧，蒋诚. 新时代大学生财经素养教育问题研究［J］. 中国多媒体与网络教学学报（上旬刊），2020（10）：193－195.

王春春. 国内外财经素养教育政策概述［J］. 全球教育展望，2017，46（6）：35－43.

辛自强，张红川，孙铃，等. 财经素养的内涵与三元结构［J］. 心理技术与应用，2018，6（8）：450－458.

张男星，王春春，刘次林，等. 中国财经素养教育标准研制的几个问题［J］. 大学（研究版），2018（1）：5－8.

庄舒涵，何善亮. 财经素养概念的多维理解与本土建构［J］. 现代教育科学，2016（8）：41－47.

高校家校协同育人的因材施教路径探析
——以研究生培养为例

于孜清

(四川大学电气工程学院　四川成都　610000)

摘　要：高校家校协同培育研究生既是多个中央文件的客观要求，也是推进新时代高校教育工作、落实立德树人根本任务的必然旨归。为落实此项重要教育任务，本文以研究生培养为例，以"学生与家庭的准确识别""个性化家校协同培育方案的制定""有的放矢地组织后勤保障安排"为有机组成部分，对高校家校协同育人进行了因材施教路径探析。

关键词：高校家校协同育人；因材施教；研究生培养

《关于新时代加强和改进思想政治工作的意见》指出：完善全党全社会共同参与的思想政治工作大格局，充分调动一切积极因素，为党和国家中心工作提供有力政治和思想保障。《关于进一步加强和改进大学生思想政治教育的意见》明确指出：学校要探索建立与大学生家庭联系与沟通的机制，相互配合对学生进行思想政治教育。《关于加强和改进新形势下高校思想政治工作的意见》明确提出：坚持全员全过程全方位育人（即"三全育人"）。《中共中央关于制定国民经济和社会发展第十四个五年规划和二〇三五年远景目标的建议》中提到，健全学校、家庭、社会的协同育人机制,提升教师教书育人能力素质,增强学生文明素养、社会责任意识、实践本领,重视青少年身体素质和心理健康教育。

　　由此可见,家校协同培育研究生不仅是中央文件的客观要求,更是推进新时代高校教育工作、落实立德树人根本任务的必然旨归,因此如何落实家校协同培育研究生就成为一个重要的研究课题。同时,习近平总书记提出,解决问题应"坚持抓住'关键少数'以上率下"(习近平,2023),"要坚持'两点论'和'重点论'的统一"(习近平,2016)。落实此问题的关键之一就是要在坚持研究生培养一般性的基础上充分尊重研究生学习的差异性,发掘出研究生学习、研究的最深厚内驱力。鉴于此,本文以研究生培养为例,对家校协同育人做出了因材施教路径解答。我们先来对家校协同与因材施教的理论基础进行简要介绍。

　　协同学最初是由德国物理学家赫尔曼·哈肯于20世纪70年代提出的,协同思想在现代系统理论中占有重要地位。这门学问的目的是建立一种用统一简洁的观点处理复杂多变的系统的方法和概念,它的重点在于揭示出世界所普遍存在的有序对象和无序对象,以及它们相互转化的规律逻辑,从而达到有序同无序相统一。它还着重强调,一个系统的各种要素之间、要素与这个系统之间、系统与外部环境之间皆存在"协同作用"。"协同作用"具体指合作、互补等方面,协同产生有序,反之,导致无序。一个系统若产生的是有序状态,就会使各种优势力量相互汇集,形成合力,发挥出"一加一大于二"的整体功能;相反,如果系统出现了无序状态,则会使各种原本有利的力量相互排斥甚至抵消,从而丧失发挥整体功能的机会(王丽丽,2018)。

　　孔子开创私学,有弟子三千,曾周游列国十四年。他根据多年教学经验,发现学生天赋资质各异,他说:"生而知之者,上也;学而知之者,次也;困而学之,又其次也;困而不学,民斯为下矣。"(《论语·季氏》)他还说:"中人以上,可以语上也;中人以下,不可以语上也。"(《论语·雍也》)同时他认为除了"上智下愚不移"(《论语·阳货》),任何人都可以通过专门学习被塑造成才。基于这种学生差异的客观现实,他认为施行教育的前提或第一步是识人,即"听其言观其行"(《论语·公冶长》),"视其所以,观其所由,察其所安"(《论语·为政》)。孔子识别学生的典型案例表现为他说:"德行:颜渊、闵子骞、冉伯牛、仲弓。言语:宰我、子贡。政事:冉有、季路。文学:子游、子夏。"(《论语·述而》)对教育对象准确识别之后,孔子才开展教育的第二步,即对资质不同的学生进行个性化的教学。例如,子路问:"闻斯行诸?"子曰:"有父兄在,如之何其闻斯行之?"冉有问:"闻斯行诸?"子曰:"闻斯行之。"公西华曰:"由也问闻斯行诸,子曰,'有父兄在';求也问闻斯行诸,子曰,'闻斯行之'。赤也惑,敢问。"子曰:"求也退,故进之;由也兼人,故退之。"(《论语·先进》)子路和冉有都问"闻斯行诸",孔子的回答却因为他们的性格相反而"一进一退",目的是让他们明白过犹不及的道理。孔子根据受教育者的不同采用不同的教育方式的重要思路,被后来的学者进行了概括总结。北宋的程颐说:"孔子教人,各因其材,有以政事入者,有以言语入者,有以德行入者。"(程颢,程颐,2000)南宋的张栻说:"圣人之道,精粗虽无二致,但其施教,则必因其材而笃焉。"(朱熹,2012)南宋的朱熹说:"孔子教人各因其材。"(朱熹,2012)于是,"因材施教"这种符合学生学习规律的重要教育理念便应运而生。

　　家校协同有利于形成育人合力,因材施教从客观规律上有助于学生成长为自己满意、社会需要、教师学校喜见的新时代中国特色社会主义建设人才。同时,高校仍存在一定程度的学生培养流程失序、教育资源利用率低、教职工权责不清、学生学业压力大等问题。本文提出家校协同培育研究生的因材施教思路,其包括"学生与家庭的准确识别""个性化家校协同培育方案的制定""有的放矢地组织后勤保障安排"三大组成部分，需要充分调动学生、家长、教师、高校四个参与主体的主观能动性。

一、学生与家庭的准确识别

因材施教家校协同育人的前提或第一步"识人"，需要导师和辅导员两个主体来落实。对于学生学力的识别主要由导师通过对学生的入学谈话和培养观察来实现。每个学生都是天赋气质各异的个体存在，本文将研究生的天赋能力归纳为学习兴趣、擅长领域、教育背景、思辨能力等方面。对于学生心智成熟程度及其家庭基本情况的识别，主要通过辅导员与学生、家长谈心谈话和让学生填写"入学登记表"等途径来实现。此处，将学生心智区别提炼为人生规划、抗挫折能力、享乐观念、处世观念、对家长的认识等方面。每一个家庭都有其特定的环境及条件，可以将学生家庭情况分为家庭基本结构、家长文化水平、家长职业领域、对子女的认识等几个方面。

总之，学生及其家庭在以上方面存在明显差异，因此套用同一套培养方案的效果往往不尽如人意，而因材施教家校协同育人的前提则是准确识别每一位学生的天赋气质及其家庭背景。在学生的天赋气质方面，学习兴趣、擅长领域、思辨能力等方面是其内核能力，教育背景等是表面性质。表面性质直接体现在纸面上，内核能力则需要通过上述谈话、观察等"听其言观其行"的方式才能挖掘出来。"识人"一是为了全面清晰地掌握学生素养及其家庭支持情况，二是为了让教学团队对学生的学力进行准确把握，并最终服务于"个性化家校协同培育方案"的制定。

二、个性化家校协同培育方案的制定

（一）心理供能，协同关怀团队设置

辅导员与家长这两个主体主要负责学生的心理关怀工作，激发其内驱力。辅导员作为从事学生管理工作的一线学校工作人员，对于推进因材施教家校协同育人工作，应从以下三个方面入手：第一，辅导员应掌握学生及其家庭的必要信息，及时将其传达给教学团队，并将学生的学业进度信息反馈给家长；第二，辅导员要在学生入学时就将因材施教家校协同育人流程以文书的形式发给学生家长，并明确家长与辅导员的权责界限，同时给出家长可以操作的学生学业辅助推进建议，充分激发家长的教育参与感和教育主人翁意识；第三，辅导员应重点做好针对学生的关爱激励工作，尤其留意家庭有困难的学生，对其进行帮扶型培养。家长作为学生的第一任老师，对学生性格、习惯的养成起着不可或缺的作用，在落实好因材施教家校协同育人工作的过程中，应从以下三个方面着手：第一，定期与子女通话，侧重对学生的心理、生活关怀，避免陷入"唯分数论"，带给学生不必要的学习压力，而是给学生提供源源不断的激励，并发挥学业监督作用；第二，定期填写提交"因材施教家校协同育人家长履职进度表"，以"做作业"的形式时刻提醒自己对学生的教育主体地位，养成因材施教家校协同育人的意识和习惯；第三，结合自身条件和资源，在假期时与学生一起做好有针对性的行业调查和学生职业生涯规划，让学生对就业有预备、不迷茫，必要时可咨询学生的辅导员和教师团队。

在各自均承担一定激励、关爱责任的基础上，辅导员和家长应定期参加线上家长会，教学团队应派出教师代表参会。在会上，辅导员和教师代表要告知家长当前的学生培养进度和近期的培养安排，家长应提交《因材施教家校协同育人家长履职进度

表》并集中汇报协同培养推进进度。双方要充分交流，逐渐形成家校和谐、培养有力的因材施教家校协同育人格局。

(二) 学力发掘，协同教学团队配置

在设立家校协同关怀团队，确保学生学习有动力、心理健康的基础上，各学院要根据科研项目、研究方向的现状来进行规划，并设置若干子研究课题。子研究课题应安排主导导师、专业教师、熟练博士生组成协同教学团队，导师主要负责在宏观层面指导学生，观察其在子研究课题推进过程中的能力表现；专业教师和熟练博士生主要负责对学生具体学习、研究的指导。与此同时，为了优化团队的协作教学，提高研究水平，应制定定期组会制度，在组会上教学团队和学生要在课题和成才的主题下密切交流，互相提升。学生要选择一个子研究课题，并在教学团队的指导下不断向前推进。在完成原课题后应立即着手下一个子课题，实行学生子课题轮训模式（程明，王伟，花为等，2021）。如此循环往复，教师便清楚掌握了学生的学力和研究特长，从而避免资源浪费和盲目研究。同时，学生在轮训过程中熟悉了研究方法和研究范式，为将来的深入科研打下基础。

在开展课题轮训的基础上，各学院要根据专业背景和实际资源，利用上述协同教学团队优势，为不同的学生制定专属培养方案，最终实现导师主导下的因材施教家校协同育人目标。具体来讲，根据学生与家庭的准确识别结果，可将学生研究基础分为强、中、弱几类；根据研究性质、研究目的的差异，可将课题分为单一型或交叉型、理论型或应用型等。由此，在充分掌握学生学力和课题内容方面差异的基础上，设计学生个性化协同培育方案匹配模型，将学生与更具体的关怀、教学团队相匹配，最终实现高校因材施教家校协同育人目标。

三、有的放矢地组织后勤保障安排

要推进好因材施教协同育人工作，有力有效的资源调配和组织统筹必不可少。第一，要实现教学科研资源的集中管理与开放共享。各学院应建立教育资源管理委员会，集中管理场地、器材、文献等学习研究资源。进一步建立健全教育资源采购、维护、分配的机制，集中学院力量、资金发展高价值含量的紧缺型教育资源。同时将这些资源面向学院所有学生开放，相关学院间要建立行之有效的资源共享机制，实现教育资源的完全共享，从而为因材施教家校协同育人提供资源全要素充分保障。第二，党组织及学校要提供必要支持。严格落实高校党委因材施教家校协同育人建设主体责任。高校党委应将之提上重要议程，党委会每年应召开专题会议研究该领域建设，找出制约该领域建设的突出问题，在工作局面、支持保障、队伍培养等方面实施有效措施；推动建立高校党委书记、校长带头抓因材施教家校协同育人机制。建立健全高校党委书记、校长及相关部门深入一线了解师生家思想动态、服务师生家发展的制度安排；学校要努力创建积极向上、家校团结的校园文化风气，构建和谐的师生家关系，统筹推动有利于高校因材施教家校协同育人的和谐校园氛围，不断提升高等教育办学水平，为新时代中国特色社会主义建设事业输送优秀人才。

参考文献：

程颢，程颐. 二程遗书［M］. 上海：上海古籍出版社，2000.305.

程明，王伟，花为，等. 精准识材 协同育才——工科研究生因材施教培养方法的探索与实践［J］. 研究生教育研究，2021，61（1）：37-41.

王丽丽. 赫尔曼·哈肯的"协同学"哲学思想评析［J］. 现代经济信息，2018（3）：469.

习近平. 全面从严治党探索出依靠党的自我革命跳出历史周期率的成功路径［J］. 求知，2023，469（2）：4—7.

习近平. 在省部级主要领导干部学习贯彻党的十八届五中全会精神专题研讨班上的讲话［N］. 人民日报，2016-05-10（2）.

中共中央关于制定国民经济和社会发展第十四个五年规划和二〇三五年远景目标的建议［N］. 人民日报，2020-11-04（1）.

中共中央国务院发出《关于进一步加强和改进大学生思想政治教育的意见》［J］. 思想教育研究，2004（10）：2—4.

中共中央国务院印发《关于加强和改进新形势下高校思想政治工作的意见》［J］. 社会主义论坛，2017，384（3）：4—5.

中共中央国务院印发《关于新时代加强和改进思想政治工作的意见》［N］. 人民日报，2021-07-13（1）.

朱熹. 四书章句集注［M］. 北京：中华书局，2012.

创新创业教育背景下研究生就业教育新特征及其对当代研究生教育的启示

雷子慧

(四川大学文学与新闻学院　四川成都　610065)

摘　要：本文梳理了创新创业教育背景下的研究生就业教育新特征。一方面，研究生群体应辩证认识创新创业与就业的关系，创新创业与研究生日常生活和学习息息相关，从事创新创业活动中付出的努力、积累的经验与成果，为研究生树立正确的就业观指明了方向；另一方面，高校教育管理者可通过优化课程、引导学生积极参与创新创业竞赛等方式有效搭建创新创业教育与就业教育有机融合的实践路径。

关键词：创新创业；就业教育；研究生

一、引言

创新创业（以下简称"双创"）是中国特色社会主义建设全面进入新时代，国家实施创新驱动发展战略的迫切需要。研究生作为接受过高等教育的群体，是人才资源的重要组成部分。随着"大众创业，万众创新"政策支持体系的逐步完善，研究生已经成为双创的生力军和排头兵。

受供给总量矛盾（高校扩招下的研究生招生规模屡创新高，

造成就业市场供大于求的局面)、就业结构性矛盾(研究生就业能力和观念与经济社会发展人才需求错位)、新冠疫情冲击、经济周期波动等因素影响(郭贝贝,2022),研究生就业率逐年下降,此现象已引起社会各界广泛关注。为有效解决高校毕业生就业难题,国家大力推进双创工作,倡导以创新促进创业,以创业带动就业。本文尝试提炼双创教育背景下研究生就业教育呈现出的新特征,进而探讨这些特征对当代研究生就业教育的启示。

二、双创教育背景下研究生就业教育新特征

与本科生相比,研究生参与高水平科研项目的机会更多,并且能够通过实习实践、导师推荐、社会兼职等方式接触与所学专业相关的企业,因而在双创及就业上更具能力优势。随着双创教育逐渐渗透融入就业教育的过程,研究生就业教育呈现出如下新特征。

(一)育人理念:既关注双创意识与技能培养,又重视价值观培育及心理建设

双创教育是一个诞生于中国本土的概念,是培养学生创新精神、创业意识和创新创业能力的教育(王洪才,2021)。纵观其发展历程,20世纪末,我国高校正式引入国外创业教育理念,即培养具有开拓性和冒险精神的个体。2010年,创业教育与创新教育概念合成为双创教育。随着时代的变迁,创新创业的内涵不断泛化,创新不再局限于字面之义的发明创造以及理论、技术和管理的革新等,创业也不仅仅指创办企业并获取利润,人们对创新创业的思考逐渐从宏大叙事转向日常生活,从社会精英转向寻常百姓,聚焦于更新观念、克服困难并付诸行动的过程(王洪才,2022)。双创内涵的不断深化,促使双创教育的本质发生了变化,不仅培养学生的双创意识、双创技能,也开始关注学生身处逆境时的情感态度、心理状态以及对幸福生活的定义等精神层

面的成长。

传统的就业教育以"择业就业、职业发展、职业规划"为核心内容，双创教育背景下的就业教育充分吸纳了双创教育的育人理念——既关注双创意识与技能培养，又重视价值观培育及心理建设，在实践过程中通过对社会背景、国家政策及研究生就业教育的现状分析，梳理当代研究生的就业观念，考量在时代变迁的洪流之中，价值观念及心理素养（抗压力、韧性）如何影响研究生就业观的形成。

(二) 育人内容：崇尚传承与接力，融汇与贯通

从字面意义上理解，就业教育是以促进学生就业为目的，而双创教育是以培养学生创新精神、创业意识和创新创业能力为主旨。但从本质上看，两种教育承担着同样的社会使命，即培养什么人、怎样培养人、为谁培养人。为有效促进两种教育从初始的割裂状态逐步发展为相互渗透、相互融合的局面，学界不断提出双创教育与就业教育深度融合的实践路径（徐本川，刘周，蒋玲玲，2021）。在此氛围的熏陶之下，"研究生接力创新"的概念应运而生，它是指研究生以在读期间的专业知识学习、科研技能提升、创新思维拓展等为基础，以知识技能、专利成果、创新团队等为核心，以成果转化为目标，以创业实践为手段，有效借助互联网+、社会资本、校企合作以及其他可用资源和条件，实施的创新变现过程。这个过程就像接力赛跑，创业及就业实践紧接在创新探索基础上发展和推进（梁辰，陈谦明，2018）。

"研究生接力创新"概念及模式的提出，实现了双创教育与就业教育内容上的有序衔接与融会贯通。研究生的创新探索与创业、就业实践犹如接力竞赛的不同赛段，凭借接力棒的传递将"为什么创新—因什么创业—如何更好就业"的阶段任务与"学以致用"的终极目标相结合，能实现研究生创新创业与高质量就业的有机融合与协调发展。此外，传承与接力特有的时段变化及

其暗含的调整、蓄力、爆发、延续等特点，使研究生将创新期间积累的丰富经验毫无保留地运用于创业及就业的过程，从而节省大量的时间与精力，为高效就业奠定坚实的基础。

三、对当代研究生就业教育的启示

（一）辩证认识双创与就业的关系

部分研究生狭隘地认为，在读期间只要顺利完成学业、获取学位，就能实现高质量就业，因此将多数时间投入专业学习和毕业论文撰写。个别研究生将双创看作"水中月、镜中花"，片面地认为双创是精英群体的专属活动。还有部分学生尽管能够认识到双创的重要性，但在心理上惧怕承担创业失败的风险，在能力上储备有限，面对如何实现"研究生接力创新"时束手无策。

上述现象反映了一个现实问题：研究生群体尚未正确认识双创与就业的辩证关系，他们将双创与就业当作两个相互独立的过程，忽视了两者间内在的耦合关系。应强化就业教育与双创教育有机融合、相互渗透，引导研究生清楚地认识到双创与就业的内在联系和双创对就业的重要意义。如前文所述，创新创业的定义经历了一个祛魅化过程，创新不再特指精英群体锐意革新、发明创造，创业也不专指开办企业、赚取利润（王逢博，丁三青，2020）。突破自我，用新的观点和方法成功解决问题就是践行创新创业。

基于上述认识，双创与研究生日常生活和学习息息相关。双创活动中付出的努力、积累的经验与成果，为研究生树立正确的就业观指明了方向。此处的经验从内容看涵盖技能、心理、价值观等多向度，从成效看既有成功的喜悦，也有失败的痛楚。双创技能的不断提升，能够助力研究生在职场角逐中崭露头角，脱颖而出。从开始的酝酿萌芽期到最终的成果展示阶段，研究生奋斗在双创的实践过程之中，一方面，亲历数次成功与失败，培养了坚韧不拔的拼搏精神，提高了抗压能力，推动后续职业发展稳步前行，对实现美好生活心怀期待；另一方面，坚守和践行社会主义核心价值观，将个人前途选择同国家民族发展紧密联系起来，对繁华都市不再有执念，甘愿扎根基层，务实有为，为实现乡村振兴贡献青春力量。同时，研究生逐步树立正确的金钱观，促进物质富足与精神富有的和谐统一，理性看待就业单位提供的薪酬福利，由盲目追求高薪转变为兼顾个人职业发展与物质待遇。

（二）多渠道搭建双创与就业的融合路径

为提升研究生认知水平，引导他们辩证认识双创与就业的关系，高校教育者应多渠道搭建两者有机融合的实践路径，如优化课程设置、参与双创竞赛等。

近年来，就业指导课程或职业生涯规划课程主要围绕基本概念、自我探索、职场探索、职业决策四个部分展开。首先，着重阐述什么是"就业指导"、什么是"职业生涯规划"；其次是自我探索部分，包括兴趣探索、性格探索、技能探索、价值观探索等，目的是帮助研究生在认识自我的基础上做初步的职业定向；再次，重点介绍对职场、职业等外部世界进行探索和了解的途径与方法；最后，以自我探索和职场探索为基础，向研究生分享如何进行职业决策及行动，即确定个人职业生涯发展方向和就业意向，以及如何撰写简历和准备面试。上述课程虽涉及双创技能和情感价值观的培养，但面向性格迥异、能力参差不齐的学生群体，开设内容相同的课程，就忽视了学生的个体差异。在进行课程改革与优化时，应深入思考如何有效地实施分层教学，使每一位研究生都能树立正确的就业观。

与本科生相比，研究生参与双创类竞赛的人数锐减。他们将大量的时间与精力投入科研实训的过程，如参与导师课题研究、完成专业实习实践、撰写并发表学术论文等。为了改善这一现状，高校应营造氛围，引导研究生积极参与双创类竞赛。通过

"以赛促学"的方式，最大限度地激发学生的双创意识，培养双创技能，启发学生深入思考，不断探索挖掘双创与后续就业之间的内在联系。他们通过实践参与，亲身感受到双创不是对前人方法和理论的简单重复、简单应用及初步延伸；对已存在的问题不是简单揭示表面现象，而是要系统探究现象的根源及其与外部的内在联系。在整个备赛过程中，从搭建参赛团队、确立参赛选题，到头脑风暴撰写项目计划书，每一个环节都驱研究学生将双创技能发挥到极致。

参考文献：

郭贝贝. 劳动力供给与结构性就业矛盾：特征、冲击与纾解［J］. 当代经济管理，2022，44（12）：73－79.

梁辰，陈谦明. 基于接力创新的研究生创业调查研究［J］. 学位与研究生教育，2018（4）：66－72.

王逢博，丁三青. 文化认同与价值取向：新时代大学生创新创业观确立的逻辑前提［J］. 中国矿业大学学报（社会科学版），2020，22（3）：52－60.

王洪才. 创新创业教育：中国特色的高等教育发展理念［J］. 南京师大学报（社会科学版），2021（6）：38－46.

王洪才. 创新创业能力的科学内涵及其意义［J］. 教育发展研究，2022，42（1）：53－59.

徐本川，刘周，蒋玲玲. 创新创业教育提升大学生就业能力探赜［J］. 中国大学生就业，2021（17）：55－60.

培养与管理

新文科背景下中华文化国际传播人才培养的创新与实践*

——以四川大学为例

韩 芳

(四川大学党委宣传部 四川成都 610065)

摘 要：包括新文科在内的"四新"建设，是中国高等教育未来发展的全新战略布局。本文以四川大学文学与新闻学院的教育实践为例，探讨新文科背景下的国际传播人才培养创新，提出应以中华文化为核心，以强化价值引领为根本要求，重构课程体系，优化专业布局，丰富形式载体，改善课堂效果，并通过本硕博贯通式一体化培养、构建协同育人机制、创设平台支撑体系、完善人才评价体系等，实现培养模式的创新，不断提升人才培养质量。

关键词：新文科；中华文化；国际传播；人才培养

2021年5月31日，习近平总书记就加强我国国际传播能力建设发表了重要讲话。习近平总书记强调，讲好中国故事，传播

---

* 本文系四川省2021—2023年高等教育人才培养质量和教学改革项目（编号：JG2021-324）的阶段性成果。

好中国声音,展示真实、立体、全面的中国,是加强我国国际传播能力建设的重要任务。要深刻认识新形势下加强和改进国际传播工作的重要性和必要性,下大气力加强国际传播能力建设,形成同我国综合国力和国际地位相匹配的国际话语权,为我国改革发展稳定营造有利外部舆论环境,为推动构建人类命运共同体做出积极贡献(习近平,2021)。

在大力推动国际传播守正创新,积极推动中华文化走出去,构建多主体、立体式的大外宣格局的过程中,国际传播人才培养是根本。特别是新时代以"中华文化"为内核,培养适应全媒化、国际化趋势,探索国际传播人才培养新模式,既是提升中华文化国际传播能力的重中之重,也是新文科建设应有的题中之义。在学校和社会各界的大力支持下,四川大学对国际传播人才的培养进行了一些有益的探索和实践。

一、新文科建设的理念与内涵

2018年,中共中央提出要发展建设新工科、新医科、新农科、新文科。2019年4月,教育部主持召开了"六卓越一拔尖"计划2.0大会,正式启动"四新"建设。这是对我国高等教育未来发展的全新战略布局,也是提升人才培养质量的"中国方案",更是引领中国式教育现代化发展的标志性举措。深入推进"四新"建设,促进学科之间的交叉与融合,将有助于提升国家硬实力、全民健康力、生态成长力和文化影响力。其中,新文科建设是中国高等文科教育发展的风向标。作为提升国家综合国力与文化软实力、建设高等教育强国、构建中国特色文科人才培养体系的重要战略任务,新文科建设是人文社会学科对新一轮科技革命、产业变革及全球治理体系变革的主动回应,能够为人类命运共同体的构建提供思想创新的不竭动力(王丹,2023)。

新文科建设重在文科教育的创新式发展,旨在培养知中国、爱中国、堪当民族复兴大任的新时代文科人才，培育新时代社会科学家，构建哲学社会科学中国学派，创造光耀时代、光耀世界的中华文化。虽然"新文科"的概念是由西方学者最先提出的，但是中国的新文科与西方有着本质的不同，不仅是跨学科、跨专业，更致力打造一种全新的格局。它既有世界学术体系的共性特征，又与新时代中国的现实国情紧密相连；既是政府倡导的一种自上而下的国家战略，也体现出对中华文化的坚守、继承与发扬光大。

中国的新文科建设是立足于培养人的独立人格、高尚情操的新文科，是培养人的社会责任感、历史使命感，维护人类的尊严、保护人类文明的新文科，是更加注重价值层面而非知识层面的新文科，是回归于道而非纠缠于术的新文科（樊丽明，杨灿明，马骁等，2019）。事实上，传承数千年的优秀中华文化正是文科创新取之不尽、用之不竭的源泉。要以此为基础，在顶层设计、学科融合、课程体系、价值引导等方面进行创新，不断提炼新文科的"中国特色"，改革人才培养模式，提高培养质量。

中国的新文科建设有其独特内涵。2020年11月，新文科建设工作会在山东威海召开，会议发布的《新文科建设宣言》从明确总体目标、强化价值引领、促进专业优化、夯实课程体系、推动模式创新、打造质量文化六个环节提出了构建世界水平、中国特色文科人才培养体系的新文科建设总体任务。具体来说，就是要以培育时代新人为根本任务，以强化价值引领为根本要求，以专业优化、课程提质和模式创新为三大抓手，以人才质量提升为最终目标（金祥荣，朱一鸿，2022）。因此，新文科建设背景下，国际传播人才的培养必须坚守立德树人初心，以中华文化的深厚底蕴为基础，以"三大抓手"为方式路径，采取扎实措施，探索高水平、复合型新文科人才培养模式。

二、以中华文化为基，实现专业优化与课程提质

随着全球经济一体化、政治多极化和文化多元化的发展，现代国际传播人才的培养应体现专业的交叉性与学科的融合性，新文科背景下的国际传播人才教育更要将传统的文、史、哲等经典中华文化融入其中，充分展现中国新文科的特色。四川大学利用自身综合性大学的优势，整合新闻传播学、中国语言文学和外国语言文学等三个一级学科，实现不同专业优势互补，同时将历史、哲学等学科，突出基础性、前沿性、系统性、多样性和实践性，在培养具有深厚家国情怀、扎实专业基础、良好人文素养、宽广国际视野的高素质、复合型国际传播人才方面进行探索。

首先，重构课程体系，凝练学科特色，优化专业布局。新文科背景下四川大学国际传播人才培养立足中华文化世界传播，面向全球传播格局，主动服务国家对外开放战略和"一带一路"倡议，培养新时代国际新闻传播"预备队"和"后备军"。为此，学校打造出一系列具有川大人文底蕴特色的课程体系，包括中华文化经典传承的原典课程体系、学贯中西的跨文化课程体系、全媒体国际传播的实践课程体系，以及高质量的虚拟仿真实验课程体系等。在学科特色方面，一方面，根据"全媒体＋国际＋外语"的建设需求，围绕全球性与数字化展开；另一方面，着眼构建人类命运共同体的国家战略需求，将跨文化理论与实践紧密结合。两个方面齐头并进，在加强"国情教育＋国际视野"的社会实践和国际交流过程中，努力提出新概念、新理论、新范式，为构建中国特色新闻传播学学科体系、学术体系和话语体系贡献川大智慧。

其次，强化价值引领，提升学术内涵，确保课程提质。国际传播的每一个课程体系模块内都包含了若干课程，依托四川大学学科门类齐全、人文底蕴深厚、办学基础扎实、师资力量雄厚等

优势，聘请不同学科的优秀教师为学生授课，在价值引领和学术内涵两方面确保课程提质。为了弥补以往的国际传播课程较为封闭、死板而又缺乏内在逻辑和体系等不足，文学与新闻学院在传统新闻学、广播电视新闻学、传播学的基础上，结合符号学、网络与新媒体等专业特色，构建了通识教育课、基础理论课、专业核心课等有机融合的交叉培养课程体系，包括中华文化全球传播、马克思主义新闻观、国际局势与国情、社会科学研究方法、符号学理论与应用等各种类型的必修和选修课程，促进学生"一专多能"，全面发展。

第三，创新方法手段，丰富形式载体，改善课堂效果。课堂是教育教学的落脚点和主阵地，是先进的教学理念、优质的教学内容变为现实的前提基础和实施过程。只有结合高新科技手段，不断创新方式方法，才能真正实现教学内容的入脑、入心。种类丰富齐全的"一流课程"是课堂建设的标准和目标。国家级和省级一流课程主要包括线上一流课程、线下一流课程、线上线下混合式一流课程、社会实践一流课程、虚拟仿真实验教学一流课程等。近年来，四川大学国际传播人才培养也积极利用新媒体、新平台，创新课堂形式，提升教学效果。例如，被评为国家级线下一流本科课程的"网络新闻与文化传播"，应用翻转课堂开展智慧教学，颠覆了传统课堂的环境，重建了课堂的生态，重构了师生关系、教师角色和学生地位；"四海承风：中国文化的世界传播与互动"课程将中国学生和留学生共同组成教学班，引导学生结合自身的文化背景展开跨文化对话，在价值观引领、品格塑造、能力提升方面都产生了积极的育人效果，这门课程也在2022年获评四川省线下一流本科课程。

三、创新培养模式，提升国际传播人才质量

包括新文科建设在内的"四新"建设，是新时代高等教育高

质量发展的战略布局，是"在危机中育新机、于变局中开新局"的重大改革，更是建设高等教育"质量中国"的战略一招、关键一招、创新一招。为切实推动中国新文科建设高质量、内涵式发展，培养高素质、复合型人才，提升国际传播人才培养质量，四川大学在培养模式创新方面进行了积极的实践。

第一，构建本硕博贯通式一体化、学科交叉融合的复合型人才培养模式。在四川大学原有的交叉学科"中华文化国际传播"硕博人才培养体系基础上，探索构建有川大特色的本硕博贯通式人才培养模式，深化"人文＋技术"的新文科育人体系改革，努力打造本硕博一体化中华文化国际传播拔尖人才培养标杆基地。四川大学进行"中华文化国际传播"的研究生培养已经有十余年的历史，在这一过程中总结出了丰富的育人经验，也为本科生的一体化培养奠定了良好的基础。今后在三个阶段的课程体系衔接、内容拓展与实践训练等方面，还需要进行深入的探索。

第二，突破专业限制，探索多元模式，构建协同育人机制。新文科的"新"本来就提倡打破专业局限，国际传播的专业培养目标也是文、理、工、医等多元学科融合的复合型人才。四川大学在遵循文科发展规律的基础上，结合学校、学院的现实情况和特色，通过"双学位""主辅修""微专业"等多元模式，构建了跨学院、跨专业、跨领域的协同育人机制。例如，在本科阶段，通过开设"第二专业"鼓励全校其他专业的学生辅修国际传播课程，或通过转专业的方式完成学业。在研究生阶段，每年都有很多跨院校、跨专业的学生攻读中华文化国际传播专业，通过教学相长，促进多维融通。

第三，创设面向中华文化交流互鉴与全球传播的育人实践平台支撑体系。文学与新闻学院有四川大学国家级"双创"教育与实践平台项目——传播科学与技术实验室，拥有视觉传播、新媒体创意、CAVE沉浸式影视等多功能一体的实验室，能够为国际传播人才培养提供现代化的技术设备和实践平台。未来，学校和学院还将以"政产学研媒"一体化为牵引，通过资源整合，探索创设多元融合的育人实践平台，涵盖科研育人平台、国际交流平台、国际联合培养平台、实践教学平台、实验教学平台等。

第四，破立并举，构建更加科学完善的国际传播人才评价体系。2020年，中共中央国务院印发了《深化新时代教育评价改革总体方案》。作为新中国第一个关于教育评价系统改革的文件，它是指导深化新时代教育评价改革的纲领性文件，也为完善新文科背景下的国际传播人才培养的评价体系指明了方向。如果说教育质量是教育改革与发展的核心问题之一，那么教育评价是针对教育质量进行的主客观综合评判。这就要求评价指标的要素构成、体系设定、权重分布等，必须坚持科学、专业的原则，坚持以评促建、评建并举，促进国际传播教育的健康、可持续发展。

参考文献：

樊丽明，杨灿明，马骁，等. 新文科建设的内涵与发展路径（笔谈）[J]. 中国高教研究，2019（10）：10-13.

金祥荣，朱一鸿. 新文科建设：背景、内涵与路径[J]. 宁波大学学报，2022（1）：18-21.

王丹. 人类命运共同体引领下的高校新文科建设与人才培养[J]. 华南师范大学学报（社会科学版），2023（1）：58-67.

习近平. 加强和改进国际传播工作　展示真实立体全面的中国[N]. 华西都市报，2021-06-02（A2）.

高校来华留学研究生教育的发展困境与优化策略研究[*]

刘廷林[1]　陈心荷[2]

(1. 四川大学海外教育学院　四川成都　610065；
2. 成都艺术职业大学电影电视学院　四川成都　610065)

摘　要：来华留学研究生教育是推动我国高等教育现代化、国际化发展的重要力量。当前，来华留学研究生教育还存在定位趋同、生源不稳、模式单一、支撑不足等问题。本文认为，未来应从顶层设计、选拔制度、培养模式、保障体系等方面入手，走提质增效的内涵式发展之路。

关键词：来华留学研究生；发展困境；优化策略

作为高等教育国际化的重要组成部分，来华留学研究生教育是我国教育面向世界，走开放式发展道路的重要抓手，也是新时代加快推进教育现代化、国际化的必然选择。吸引大批优秀外国学生来华留学，为世界各国发展培养有用人才，不仅是我国高等教育质量受到国际认可的重要标志，也是建设高等教育强国的必然追求（林健，陈强，2019）。为了实现来华留学研究生教育的内涵式发展，必须认真研究当前发展中遇到的困境和问题，并从

---

[*] 本文获四川大学"一带一路"教育交流合作研究项目（编号2022GJYDYL-08）资助。

理论和实践层面加以解决，以期培养更多来自世界各地的知华、友华和爱华人士。

一、新时期高校来华留学研究生教育的使命

2018年，教育部制定并出台了我国第一个针对来华留学生的基本规范——《来华留学生高等教育质量规范（试行）》。该规范不仅是新中国成立以来的"首创"，也标志着来华留学研究生教育从以"扩大规模"为主体转向以"提质增效"为核心，由粗放式外延发展转向精细化内涵发展。早在2014年，习近平总书记在对全国留学工作会议的重要指示中就强调，留学工作要适应国家发展大势和党和国家工作大局，统筹谋划出国留学和来华留学，综合运用国际国内两种资源，培养造就更多优秀人才，努力开创留学工作新局面。这为新时代来华留学研究生教育指明了方向。高等院校是开展来华留学研究生教育的主体单位，在这一工作中肩负着光荣的使命和责任。

第一，来华留学研究生教育有利于更好地服务国家总体外交。世界上各个国家历来都将选拔、招收与培养留学生作为国家之间友好交往的重要形式。作为一项基本的外交政策，留学生教育在国际政治与世界格局中发挥着不可替代的重要作用。研究生教育属于高层次的学历教育，做好来华留学研究生教育工作，能够不断深化我国同各国的政策沟通，深度融入并服务国家外交大局，助力开创新时代外事工作新局面。

第二，来华留学研究生教育有益于"讲好中国故事"，促进中华文化世界传播。留学生是国际理解教育的主体，高水平的研究生教育不但可以让留学生在中国学到更多的专业知识与技能，而且他们在中国的见闻与感受以及与中国人建立的友谊与感情，使得他们本身就成为传播中华文化、讲好中国故事的最佳"媒介"，更能进一步促进文明互鉴、增进民心相通，为弘扬全人类

的共同价值做出积极贡献。

第三，来华留学研究生教育有助于推动我国高等教育国际化、高质量发展。随着科学技术的革新和全球化的推进，我国的高等教育国际化发展应该从人才培养和学术研究两方面不断做大做强。同时以来华留学研究生教育为抓手，提高高等教育的开放水平和国际影响力，在开放共享与合作共赢中提炼推广高等教育强国建设的中国模式、中国经验、中国道路，为丰富和引领世界高等教育做出中国独特的贡献（杜玉波，2023）。

二、来华留学研究生教育的发展困境

进入21世纪以来，随着我国经济的高速发展，在各种留学利好政策的影响下，来华留学研究生从国别、数量到层次、质量都获得了长足的发展。但是与此同时，规模的不断扩大和人数的迅猛增长，也使得来华留学研究生教育面临着如下问题。

（一）定位趋同，结构性布局体系不完善

与我国高等院校对留学生教育重视程度不断增强的趋势相一致，近年来华留学研究生的人数也直线攀升。但由于各高校在留学生教育的定位和目标方面高度趋同，且准入门槛较低，导致出现了一些问题。一方面，就招生院校而言，大部分来华留学研究生都选择在排名前10%的国内知名高校就读。这些学校主要分布在北京、上海等经济发达城市或省会城市，较高的生活成本会让一些来自不发达国家和地区的学生存在一定的经济压力，而更多的普通院校却面临着招不到留学研究生或人数很少的尴尬局面。另一方面，从就读专业分布来看，来华留学生选择的专业主要集中在汉语言等传统人文社科专业方向，理工类专业留学生在来华留学生中占比不高，规模偏小。这与发达国家的国际学生偏好STEM（科学、技术、工程和数学）和FAME（金融、会计、管理、经济）等就业前景较为广阔的专业相比，也存在一些差距

（哈巍，陈东阳，2018）。这些都反映出我国在留学研究生教育的整体布局方面还存在结构不合理、体系不完善等问题。

（二）生源不稳，高素质人才招生不均衡

来华留学研究生的生源不稳、质量不高，各个国家和地区的招生不均衡等，是当前制约我国高校大力发展高层次留学生教育的主要因素。有学者在对 2009—2018 年高校来华留学研究生的生源地域进行统计分析后发现，生源最多的前 10 个国家中，有 8 个国家位于亚洲，大部分是我国周边国家；生源最多的前 20 个国家中，仅有美国一个欧美地区国家（杨大伟，高磊，2021）。造成这一现象的原因是多方面的，既有国内高校在海外招生的力量薄弱、手段匮乏等客观因素，也与留学生自身的知识储备、学习方法和语言能力等主观因素相关。

一方面，高校的招生范围和宣传能力有待提高。除了北京大学、清华大学等顶尖大学本身具有较高的国际知名度，多数普通高校在缺少显著品牌效应的同时缺乏有效的招生宣传手段，又将生源聚焦在发达国家或世界一流大学，目标和能力的"落差"可能造成招生人数不足的情况。另一方面，留学研究生的选拔流程与标准有待优化。目前，高校通行的招生流程是通过审核留学生提交的语言和学术方面的申请材料，结合简单的复试即可入学。不同的高校之间缺乏统一的标准，容易导致入学门槛过低、生源质量参差不齐等现象。

（三）模式单一，与国际化培养程度不匹配

在研究生的培养体系、课程教学与授位标准方面，来华留学生教育存在模式单一、能力不足等问题，尚不能与我国高等教育的国际化、高水平开放体系相匹配。虽然大多数高校都能够为留学生提供较好的学习与住宿条件，但授课的内容与形式等"软件"设施才是决定留学生培养质量的关键因素。而在这一点上，国内部分高校在教学实践和管理等方面还有较大的提升空间。比如，师资队伍的国际化程度的高低直接决定着能否为留学生开设全外语（主要是英文）课程，有些教师所谓的"双语授课"其实就是用汉语讲授，同时配有简单的中英文版 PPT；也有一些教师套用国内研究生的培养模式和经验，未能充分考虑不同国家留学生的文化背景和学习基础，造成少数学生学不懂、学不会甚至产生厌学的情绪。此外，研究生的毕业要求和授位标准高，很多留学生只能望而却步，这些都不利于高校的国际化人才培养。

（四）支撑不足，系统性管理服务不到位

培养高层次研究生人才本来就不是大学的"一家之事"，来华留学研究生的培养需要全社会的广泛支持，尤其是在奖助学金、医疗保险以及法律事务等方面，高校和社会组织的通力合作，能够在减轻学校工作负担的同时，为留学生提供全方位的服务和管理。然而现实的情况却不尽如人意。在高校内部，有些二级单位将留学生的管理视为外事部门的工作范畴，缺少对留学生的关心和人文关怀。就外部条件而言，部分高校及所在地区的政府与社会环境还不成熟，某些政策也限制了留学生教育的发展。特别是近年来，由于国际环境复杂多变，对来自不同国家的留学生的日常安全问题、文化问题以及民族问题等，各方力量统筹协调的能力还不强，风险控制措施不得力，这些都需要各级政府、组织和高校提供更为完备的配套措施。

三、提质增效、内涵发展的优化策略

2016 年 10 月，全国来华留学管理工作会议在北京召开。会议强调，来华留学工作要服务高校"双一流"建设，并提出规范管理、提质增效、内涵发展，进一步树立质量和品牌意识，走特色发展之路，打造来华留学新品牌。来华留学研究生人才培养与质量提升，应该在教育部等相关部门的领导下，依托《来华留学生高等教育质量规范（试行）》，依靠全社会的力量，构建体现开

放格局、系统思维的"大质量"培养体系，确保高质量人才输出，使其成为展示我国高等教育质量、建设高等教育强国的一面旗帜。

（一）做好顶层设计，加强规划引导

来华留学研究生教育不仅是各国学生在中国学习知识和文化的过程，也是促进我国高等教育国际化的重要抓手，有利于树立良好的国际形象。来华留学研究生教育涉及学生本人、高校、企业以及中外政府等多方利益，因此首先要做好顶层设计。各级政府、教育主管部门和高校要转变观念，出台相应的支持政策和措施，做好来华留学生研究生的招生、培养与管理等工作。同时要加强规划引导，鼓励更多高校和社会组织参与留学生的人才培养，激发他们的积极性，形成良性互动，为其提供更有效的公共服务。

（二）改革选拔制度，改善生源状况

俗话说"巧妇难为无米之炊"，如果不能从根本上解决来华留学研究生的生源质量问题，那么人才培养的规模与质量就无从谈起。改善生源状况可以从三个方面入手。一是加大招生宣传的力度，结合先进的互联网技术手段，扩大宣传规模，让更多国家和地区的留学生了解中国的高校；同时探索利用海外各方力量为来华留学提供服务，使中国优质的教育资源惠及世界各地。二是做好留学生的本科教育，提高大学教育的含金量，提升吸引力，鼓励留学生毕业后继续在中国攻读研究生学位。三是采用多元化选拔模式，改变以往单纯倚重"学术质量"的考评标准，根据生源类别、学科专业的不同，采用"申请＋推荐＋考试"相结合的方式，并由专门成立的招生录取委员会集体决策，以此提高来华留学研究生选拔考核的科学性。

（三）推动校企联合，创新培养模式

来华留学研究生教育不仅包括学术型人才的培养，也涵盖了专业型、技能型人才教育，因此应在加强学术研究与科研合作的基础上，积极推动校企联合、产教融合，不断创新留学研究生的培养模式。随着经济的全球化发展，在很多跨国公司纷纷落户中国的同时，越来越多的中国企业也走出国门，走向世界，这些都需要国际化、高层次人才的支持。高校留学研究生的培养应该适应全球化经济的需要和产业化发展的需求，建立多种交流平台。比如在条件成熟时，与跨国公司直接合作联合培养研究生，既能满足企业的用人需求，也能有效提高学校的人才培养质量。

（四）完善保障体系，提升服务水平

来华留学研究生的保障体系是一个系统工程，高等院校是首要责任单位。在管理与服务方面，教育部颁布的《学校招收和培养国际学生管理办法》指出，要进一步加强对来华留学教育工作的规范与指导，高校要设置留学生辅导员岗位等；在教育教学方面，各高校应通过加强学科建设、优化课程体系、强化师资队伍以及健全规章制度等，不断完善来华留学研究生的保障体系。未来，高校还应该充分发挥来华留学研究生教育在国际化人才培养体系中的主体作用，通过来华留学生教育带动教学管理、科研合作、校企联合培养发展，加快实现国际化生态圈下不同国际化资源之间的优势互补与有效转化，不断加强以来华留学研究生教育为核心的国际化人才培养体系的融通性，以点带面，全面提升高校国际化发展水平（杨大伟，高磊，2021）。

参考文献：

杜玉波. 面向强国建设 彰显高等教育新使命［N］. 中国教育报，2023—01—09（5）.

哈巍，陈东阳. 挑战与转型：来华留学教育发展模式转变探究［J］. 中国高教研究，2018（12）：59—64.

林健,陈强. 引领内涵发展的来华留学生教育国家标准[J]. 清华大学教育研究,2019(6):20-26.

杨大伟,高磊. 新时期高校发展来华留学研究生教育的困境与举措[J]. 学位与研究生教育,2021(7):65-70.

"双一流"建设背景下硕士研究生课堂教学现状调查研究

——以S大学为例*

李娟[1] 吴丽珊[1] 孙克金[1] 郭荣辉[2] 张露露[3]

[1 四川大学发展规划处("双一流"建设与质量评估办公室);
2 四川大学轻工科学与工程学院;
3 四川大学外国语学院 四川成都 610065]

摘 要：本文以S大学36个学院的硕士研究生为调查对象，就研究生课程的总体满意度、研究生的公共课和专业课的教学情况及课程内容对学生发展的影响进行问卷调查，基于问卷调查数据对研究生课程中存在的问题和不足进行研究分析，从建立规范的研究生课程体系等方面提出提升研究生课堂教学质量的建议。

关键词：研究生教育；研究生课堂教学；问卷调查；建议

2020年7月，习近平总书记就研究生教育工作做出重要指示。习近平总书记强调，研究生教育在培养创新人才、提高创新能力、服务经济社会发展、推进国家治理体系和治理能力现代化

---

* 本文获"四川大学2021年研究生教育教学改革研究项目"资助，项目名称：四川大学硕士研究生课程质量监督评估体系的构建与探索，立项编号GSSCU2021017。

方面具有重要作用。各级党委和政府要高度重视研究生教育，推动研究生教育适应党和国家事业发展需要，坚持"四为"方针，瞄准科技前沿和关键领域，深入推进学科专业调整，提升导师队伍水平，完善人才培养体系，加快培养国家急需的高层次人才，为坚持和发展中国特色社会主义、实现中华民族伟大复兴的中国梦做出贡献。

研究生课程教学质量是培养创新人才、保障研究生培养质量的关键环节，对研究生知识架构、科学探究和创新能力的培养起到了基础性作用。当前是我国研究生教育从规模扩张到内涵式发展的转型期，教学资源十分紧张，导致出现了诸多问题，比如"重科研、轻教学"的研究生培养倾向是研究型大学普遍存在的问题（黄建洪，张洋阳，2018）。为落实习近平总书记对研究生教育工作的要求，2021年S大学开展了研究生公共课及专业课课堂教学情况问卷调查工作，以期通过硕士研究生课程教学质量调研，从课程教学入手提升硕士研究生的培养质量。

一、调查样本与调查内容

研究生教学是研究生教育的重要环节，是研究生在理论上、方法上、科学思维上获得提升的重要机会。研究生是课程学习的主体，他们对课程的评价是课程质量更为直观的展现。为更加全面地了解研究生课程教学的实际情况，S大学针对在读硕士研究生开展了问卷调查。从课程设置、授课教师和听课学生的角度进行专业课和公共课的课堂质量现状分析，包括学生学风建设、教师师风建设、课程设置体系、教学方法与手段、教学与社会需求实际相结合程度、课堂潜在价值、论文撰写指导等方面，听取学生对课堂教学的意见及建议，以更有针对性地"查漏补缺"，促进S大学研究生课堂教学质量的全面提高。

(一)调查样本基本情况

S大学于2021年开展研究生公共课及专业课课堂教学情况问卷调查工作,调查对象为全体在校研究生。此次调查共回收有效问卷729份,其中硕士一年级学生471份,占64.61%;硕士二年级学生207份,占28.39%;硕士三年级学生51份,占7%。参与问卷调查的硕士一年级学生数量占此次问卷调查总数的半数以上,这部分研究生正在修读课程,对课堂教学情况的反馈十分具有参考价值。在参与问卷调查的学生中,451人攻读学术型学位,占61.87%;278人攻读专业型学位,占38.13%。从参与问卷调查的学生专业分布方面来看,255人为人文社科类,占34.98%;49人为理学类,占6.72%;123人为医学类,占16.87%;302人为工学类,占41.43%。

(二)调查内容

调查问卷共包含五部分内容。第一部分是满意度调查,旨在了解学生对公共必修课程、专业必修课程、选修课程及课程教材选用情况的评价;第二部分是调查学生对公共课课堂的态度,包括学生的出勤率、听课情况、学生对公共课的意见及建议,以及学生如何认识公共课对学习生涯的影响;第三部分是对专业课课堂教学情况的调查,包括教师调课停课情况、研究方法及技术的教授情况、课堂内容与学术前沿的融合情况以及课堂对撰写与发表科研论文的涉及情况;第四部分从12个维度评估S大学研究生课堂对学生发展的影响,包括科研兴趣、学术视野、研究能力、团队合作、创新能力、学术思辨能力、口语表达能力、分析与思维能力、自信心、论文写作能力、学生发展潜力、教材严谨性及价值;第五部分为开放性问题,旨在统计研究生对课堂教学的意见与建议。

二、问卷调查结果

（一）在校研究生课堂满意度

调查结果表明，近75%的学生对公共必修、专业必修、选修课程均持满意和非常满意的态度；近63%的学生满意和非常满意教材的选用情况，与课程满意度相比较低。与S大学本科学生对通识课94.36%的满意度及对专业课90.17%的满意度相比，研究生课堂还有一定提升空间。

（二）研究生公共课课堂教学情况

调查结果表明，近90%的学生研究生公共课出勤率较高，这一数据与S大学督导现场听评课的反馈较为一致。约87.52%的学生尊重并依赖课堂教学。近七成研究生肯定了公共课的价值，认为其对研究生学习生涯具有一定的影响。

在对研究生公共课不满意的原因的调查中，半数以上的学生认为上课内容枯燥，无法对课堂提起兴致；近四成学生认为上课内容对能力提升没有帮助，课堂价值有待提升；约35%的学生认为教学方法太单一，毫无新颖性；近25%的学生认为课堂氛围不好，没有参与意愿；约20%的学生认为公共课作业太多，增加了学业压力；还有约15%的学生没有参与到课堂中去。

对于研究生公共课的优化方向，58.02%的学生认为公共课程应该改进教学方式；54.06%的学生认为应该优化授课的知识与内容；32.78%的学生认为班级人数过多，影响了课堂教学质量。

（三）专业课课堂教学情况

在专业课的课堂调研中，超三成学生反映专业课授课教师有偶尔因事停课的状况，76.13%的学生认为专业课的授课内容涉及有关科学研究方法和技术等问题，但仍有近23%的学生反映教师仅是偶尔提及或者完全没有提及科学研究方法和技术等内容。关于专业课教学中授课教师将课堂内容与学术前沿进行融合的情况，学生认为近七成的课程融入了学科的新成果、新发现或教师自己的研究方向和见解，具有一定的学术前沿性；而约三成的课程依旧只是传授基础知识，没有帮助自己了解学科动向。对于授课教师在专业课堂上对科研论文的构思、撰写和发表等方面内容的讲解情况，学生认为超九成的授课教师在科研论文的撰写和发表上对自己提供了帮助，而有5.9%的授课教师并没有在专业课课堂上讲解有关科研论文的构思、撰写和发表等方面的内容。

（四）研究生阶段课堂学习情况对学生发展的影响

问卷调研从12个维度让学生自评S大学研究生课堂对其发展的影响，包括科研兴趣、学术视野、研究能力、团队合作、创新能力、学术思辨能力、口语表达能力、分析与思维能力、自信心、论文写作能力、学生发展潜力、教材严谨性及价值。超七成的学生认为课堂学习开阔了自己的学术视野，储备了系统的专业知识，提高了自己的分析、思维能力；超6成的学生认为课堂学习对提高科研意识和科研动力、掌握了科学的研究方法，提高科学研究能力、团队合作能力、学术思辨能力、口头表达能力均有很大帮助，对自己的未来发展有重要价值。

（五）研究生对课堂教学的意见

研究生对课堂教学的意见集中在以下方面：大班授课，课堂人数过多，教学效果无法保证；课程体系设计不合理、专业课考核缺乏统一标准；一年级学生需要科研思维、论文写作等方面的培养与训练，但是公共课与专业课课堂提供这方面的条件和资源较少；研究生阶段英语免修情况普遍，研究生英语课程缺乏课程开设的标准和顶层设计；课堂任务分配不合理，具体表现为作业、小组讨论过多，单次课程时间过长、实践少等。

三、提升研究生课堂教学质量的建议对策

通过研究生课堂教学质量问卷反馈，我们发现了研究生授课中的一些共性问题，如课堂缺乏统一规范性要求、课程评价制度缺失、大班教学效果差、课堂教学质量不高、学生的科研思维训练不足、课程设置陈旧、课程和教师准入制度缺失等问题。基于这些问题，我们对提升研究生课堂教学质量提出以下建议。

（一）建立规范的课程体系

硕士研究生的教育较为复杂，与本科相比具有其特殊性，需要考虑多方因素，比如生源差异呈现出学生水平参差不齐，本硕知识交叉造成课程重复、陈旧、无新意等情况。为提升课堂教学质量，研究生院应合理设置研究生课程体系，建立研究生课程准入与教学计划审查机制，规范课堂教学纪律，构建研究生课程教学团队，关注学科前沿动态，保障研究生课程的科学性与系统性。研究生的课程内容设置应以科学研究与创新价值为导向，从科学、学科、创新等维度设计课程内容，在内容组织上要考虑学科边界及交叉、研究生培养类别与教学主体差异等因素，依托教学委员会组织等专家共同体建立动态的研究生课程内容调整机制（张广斌，陈向明，2011）。

（二）改进教学方式，注重科研与教学的双向提升

研究生课程要坚持"和而不同"原则，在本科教育经验基础上进行教育教学研究与改革。研究生培养不同于本科生培养，教师不仅要教会学生获取知识，更重要的是教会他们创造知识。教师如何在教学中适应这种转变，带动学生进行知识运用，培养学生的创造性思维，是研究生教育值得关注的重点。作为教学主导的教师，要不断提升自己的专业素养和教学水平，做到认知课程性质、了解学生需要、抓住社会热点、注意课堂把握。抓住研究生教学与本科教学的不同，在教学中体现科研的支撑，才能提高

教学质量。

以研究生公共政治课为例，习近平总书记在 2016 年 12 月召开的全国高校思想政治工作会议上指出，各门功课都要守好一段渠、种好责任田，使各类课程与思想政治理论课同向同行，形成协同效应。研究生教育作为国民教育序列的高级层次，加强研究生课程思政体系建设是高校落实立德树人的根本任务，是实现全员全程全方位育人的必然要求，公共思政课建设应在守正基础上满足社会需要和客体需求，坚持以研究生成长成才为中心，从"事、时、势"等方面出发增强课程吸引力和感染力（王义康，李海芬，王一，2022）。同时，授课教师应在科研中不断提升自己的理论水平和政治素养，以科研为支撑，在教法创新上积累教学智慧，打通课程思政建设难点，促进理论学习和专业教学的深度融合。

（三）成立课程中心，按学科分类，开展小班教学

随着经济全球化和科技创新国际化步伐的加快，中国的学术界及学术成果需要得到国际社会的认同，SCI 或 EI 收录已成为衡量高校和个人学术水平的重要指标（卢晴，2015）。因此，研究生公共英语课程需以高标准、高要求、符合英语教学规律的方式改革，服务学校"双一流"建设。由于文理工医各个学科的学术写作范式不同，公共英语课建议以"英语教师＋专业教师"的组合模式开展小班化英语学术写作教学，以"把英文作为工具，服务于专业"为目标，有针对性地提升学生的学术英语写作能力，为学生提供真正的帮助。

研究生公共英语课与公共数学课对研究生科研能力的提升有着较大影响，因文、理、工、医各学科的要求不同，公共课可以实行小班分类教学，以满足学生的迫切需求。小班教学既有利于教师对课堂的把握，也利于学生参与课堂教学。班级人数少，为教师设计教学环节、组织学生讨论提供了便利条件，能使学生积

极参与,课堂气氛活跃。

(四)构建研究生课程质量监督评估体系

构建开放、动态的研究生课程教学督导模式,建立研究生课程质量监督评估体系,实施听评课及教学质量评价与反馈制度,使广大师生科学认识研究生课程学习在研究生培养中的重要地位和功能,逐步解决研究生课程教学中的相关问题;通过体系建设,进一步全员全过程发挥广大师生在提高课程建设、课程管理和课程教学质量等方面的作用,通过监督评估,促进任课教师教学相长、教学促进科研,最终推动其既站在科研高峰,也要走在教学前端,促进良好教风、学风的形成,进而不断提高研究生教学质量和水平,推动研究生教学质量文化的建设。

参考文献:

黄建洪,张洋阳.研究生人才培养的"教学—科研"一体化模式研究[J].研究生教育研究,2018(6):30-34.

卢晴.高校博士研究生英语公共课教学改革初探[J].江汉大学学报(社会科学版),2015(2):106-111.

王义康,李海芬,王一.高校研究生课程思政实施中的问题与对策研究[J].研究生教育研究,2022(3):57-60,82.

习近平对研究生教育工作作出重要指示 强调适应党和国家事业发展需要,培养造就大批德才兼备的高层次人才 李克强作出批示[N].人民日报,2020-7-29.

习近平在全国高校思想政治工作会议上强调把思想政治工作贯穿教育教学全过程,开创我国高等教育事业发展新局面[N].人民日报,2016-12-09.

张广斌,陈向明.研究生课程内容研究:价值,选择与组织——基于我国研究生课程现状的调研的分析[J].学位与研究生教育,2011(10):23-30.

博士研究生分流退出制度的现状及对策[*]

杜吉佩　黄云

（四川大学研究生院　四川成都　610041）

摘　要：博士研究生的分流退出制度是博士生全过程培养的重要组成部分，是加强博士研究生过程管理、提高博士研究生培养质量的重要保障，越来越引起社会的广泛关注。多年来国内各高校博士研究生分流退出制度的推进困难重重，未能真正得到落实。本文认为，在前期探索的经验上，坚持立德树人，构建博士研究生培养过程中的预警机制，明确导师、院系等多方的职责，畅通博士研究生分流选择渠道，对提高博士研究生培养质量、推动内涵式发展具有重要意义。

关键词：分流退出制度；博士研究生培养；中期考核；立德树人

博士研究生教育作为我国最高层次高等教育，承担着科学研究和创新人才培养的双重使命，是我国教育水平的重要体现，其选拔和培养质量直接关系到我国前沿科技的创新能力。然而，自1981年决定"开始招收博士生"以来，我国博士研究生招生规

---

[*] 本文获四川省学位与研究生教育学会研究课题经费资助（课题编号：2021YB0301，2021YB0402）。

模不断增长，目前每年招生规模已突破10万大关，并继续保持快速增长的趋势，而博士研究生教育培养质量并未得到有效提升。一个重要原因在于"刷学历""混文凭""严进宽出"等问题没有得到解决。这也意味着在研究生扩招的大背景下，完善博士研究生培养分流退出机制，畅通分流选择渠道，严把质量关，对博士生培养质量的提升大有裨益（王光菊，李阳芳，李文灿，2017）。

一、我国博士研究生分流退出机制的现状

我国博士研究生分流退出机制的发展可以追溯到20世纪80年代初期，当时全国高校开始恢复招收博士研究生。然而，由于缺乏完善的博士研究生培养体系和管理制度，博士研究生分流退出问题逐渐浮现。

在此背景下，我国开始探索博士研究生分流退出机制的建立。1986年，国务院发布《关于进一步加强博士研究生教育管理的若干意见》，明确了博士研究生培养中的分流退出机制。根据该文件，高校可以根据实际情况，在合法、公正、公开的基础上对博士研究生进行适当分流或退出。

此后，我国的博士研究生分流退出机制不断完善。1999年，教育部颁布《博士研究生培养管理办法》，明确了分流退出的程序和标准，并规定了高校在进行分流退出时应遵循的法律法规、教育部门的规定以及学校的内部管理制度。同时，该文件还规定了博士研究生分流退出后的补偿和补助标准，确保学生的权益不受损害。

近年来，我国博士研究生分流退出机制进一步得到完善和优化。2017年，教育部印发《关于做好博士研究生分流工作的通知》，对博士研究生分流退出的程序、标准、管理和评价等方面进行了详细规定，进一步明确了高校和导师的责任，强化了学生的自主选择权。

此外,近年来一些高校还出台了更加灵活、个性化的分流退出政策,北京大学、清华大学、南京大学、大连理工大学等高校较早地在研究生教育领域引入了分流退出机制,主要形成了以资格考试或中期考核为落脚点的两种分流退出模式(汪永成,胡胜全,2019):一是研究生培养过程中进行全面综合性的考核,不合格的学生将被分流退出,如清华大学于2019年重新修订发布的《关于进一步加强研究生学位论文质量全过程管理的意见》明确提出对不适合继续攻读学位的研究生及早提出分流建议;二是末位淘汰分流退出模式,如南京大学博士资格考试的暂缓通过率不得低于15%(朱金霞,郑震,2021)。

二、博士研究生分流退出制度落实的相关问题

(一)配套政策滞后

早在20世纪90年代,我国就开始引进和学习欧美博士研究生培养中的资格考试/中期考核制度,探索和实施分流和淘汰制度,但是分流退出是一项多维度的系统性变革,并非单一制度就能有效推进。分流退出与博士生招生指标的分配制度、博士生全过程培养、社会单位的用人制度等密切相关,需要国家、地方政府、高校等各级单位相关配套政策的支持,任何一个环节的缺失都会使政策难以落地(覃红霞,张斌,王晟,2022)。

2020年《关于加快新时代研究生教育改革发展的意见》中提到,博士研究生招生支持博士生分流退出比例较大的培养单位,但是对如何支持、分流退出比例的界定等问题并未明确,高校在把握落实时存在一定的困难。由国家倡导的分流退出政策,大部分高校将其作为一项政策写入文件,但其落实仍在探索阶段,后期仍需政策制定者、高校、专家学者等进一步研讨与细化分流退出制度,高校也需要更多的时间来实践,逐渐形成与自身

发展相适应的政策。

（二）中期考核制度形式化倾向严重

目前高校博士生分流退出的主要原因，一是学生主动退出，二是重大违纪违规，三是超过最长在校学习年限，鲜有因中期考核不合格而被淘汰的。作为分流退出的配套机制，中期考核被用来评价博士生的学业能力，是决定是否分流退出的重要依据，但中期考核并未发挥应有的作用。

我国很多高校都已建立中期考核制度，中期考核内容和考核方式五花八门，但实施效果参差不齐，有的高校中期考核制度相对规范，而有的高校形式大于内容（徐岚，陶涛，2018）。究其原因，一方面，考核内容和形式未体现差异化，没有根据不同的学科特点、不同的学生类别等分类考核；另一方面，中期考核评价的客观性、独立性有待加强。中期考核是衡量博士研究生是否分流退出的重要依据，但是考虑到部分博士研究生被评价为不合格后产生的负面后果，为了避免引起学生与导师、学校的对立，一些高校在中期考核时未能做到客观、独立。

（三）分流渠道不畅

分流退出机制运行不畅，学生惧怕被分流退出，一个重要原因是被分流退出后的去向问题并未得到妥善解决。

目前，硕博连读生如果中期考核被认定为不合格，达到硕士毕业授位条件者，仍有机会获得硕士学位，这能在一定程度上减缓分流压力，不容易激化学生、导师和高校的矛盾。而分段式培养的博士生被分流退出则意味着被强制淘汰，增加博士生压力，容易激化各方的矛盾，使得分流退出政策实施难度大，政策执行陷入僵局。

三、博士研究生分流退出制度的构建策略

博士研究生分流退出制度的构建不是一个简单的经验借鉴过

程，也不能仅作为高校行政管理的手段，而应遵循高校本身特色的价值理念来构建。厘清各培养环节，加强研究生全过程培养的动态监控，明确培养主体责任，建立提升研究生教育质量的分流退出机制。

（一）立德树人，提升教育质量

博士研究生是高等教育中的顶尖人才，他们在未来将会成为各领域的专家和领袖。在这个过程中，"立德树人"理念在博士生培养中显得越来越重要。博士生分流退出机制作为研究生培养教育管理中的一项重要举措，贯穿研究生教育始终，应将其视为一种育人树人的机制，而非行政管理手段，将实行分流退出机制的出发点落在学生的成长与发展上。

高校通过实施分流退出机制，打破我国研究生教育"严进宽出"的现象，结合加强过程管理，最终得以提高博士生的培养质量。相应的，博士生的分流退出在实践中应避免成为一种具有惩罚倾向的教育培养环节，应体现为激励鼓舞，可建立分流退出前的提醒预警机制，关注学生学业成长，给予补救的机会，最终达到立德树人、提高培养质量的根本目的。有条件的高校可建立博士生中期考核的奖励配套制度，充分发挥奖助学金的正向激励作用。

（二）厘清全过程培养环节

研究生分流退出主要集中于入学报到注册和申请学位环节，然而，研究生培养贯穿入学至毕业授位整个学习阶段，涉及较多的培养环节，包括课程学习、科研或实践、学位论文开题与进展报告、中期考核、毕业材料审核以及学位论文评阅、预答辩与评定等。在以上环节中若出现未达标的情况，学生都有可能面临被分流退出的风险。

高校需要充分意识到研究生培养的过程即是育人的过程，始终秉持"立德树人"理念，在培养过程中设置预警机制，同时也在关键环节和时间节点形成一定的分流退出压力，促使学生专心学业，形成正向反馈，最终实现高质量管理。

（三）各司其职，建立干预机制

研究生培养是多个主体综合作用的过程，涉及研究生从入口到出口的各环节，还包括导师、院系教务老师、辅导员、学科点、学位评定管理委员会、研究生院各部门等。当前，部分高校的分流退出机制主要归责于学生本人，而忽略了培养环节中其他因素（比如学生个人培养计划制订不合理、导师培养松懈等），导致学生压力过大，没有起到提高培养质量的作用。因此，明确并落实各主体在研究生培养过程中的责任尤为重要。

导师是研究生培养的第一责任人，全方位地指导学生成长；院系对研究生的培养方案和培养过程负有直接的管理责任；研究生院对学生的培养负有督导责任。只有将各环节的责任落实到每个主体，才能保证分流退出机制的有效实施。在具体实施过程中，可以建立学业预警和干预机制，可由研究生院、院系、导师等筛查获得可能会被分流退出的学生名单，发出温馨提示，后期没有改进者给予学业预警，最后如仍未合格者则分流退出。

人性化的退出机制能够给予学生应对和补救的机会，极大地缓解学生的压力，从而充分地发挥该机制对育人树人和培养质量的保障作用。

参考文献：

覃红霞，张斌，王晟. 我国博士生分流退出制度实施的问题表征与策略优化 [J]. 教育发展研究，2022（3）：69—76.

王光菊，李阳芳，李文灿. 中美博士生培养质量影响因素比较分析 [J]. 中国高校科技，2017（12）：33—36.

汪永成，胡胜全. 研究生分流退出机制的建构理念与实践路径研究——以深圳大学为例 [J]. 特区实践与理论期刊，2019（6）：111—117.

徐岚，陶涛.督促还是淘汰：博士生中期考核机制形成及其实施效果研究[J].高等教育研究，2018（5）：74-81.

朱金霞，郑震.博士生分流退出机制的实施困境与对策[J].学位与研究生教育，2021（8）：6-10.

关于硕士研究生招生考试模式分析及初试改革的可行性思考

张 盈 张 丽

(四川大学研究生院 四川成都 610065)

摘 要：研究生教育是我国高等教育中不可或缺的一部分，全国硕士研究生招生考试是国家选拔高层次专门人才的重要途径，关乎国家、学校发展的基础，同时直接影响到每个学生及背后家庭的命运，其社会关注度之高、影响力之大，已不亚于高考。现行的全国研究生招生考试模式延续了40多年，随着考研人数日益增多，考试制度逐步完善并愈加规范化，考务工作越来越复杂，尤其是初试中的自命题管理工作。本文旨在对现行研究生招生考试模式进行分析，尝试革新，提出取消自命题，推行二阶段考试模式，以优化研究生招生考试工作。

关键词：硕士选拔模式；招考机制；历史沿革；硕士自命题；研究生入学考试

一、研究生招生考试的历史沿革

(一) 近20余年我国研究生招生考试情况

自1978年恢复研究生招生考试，研究生招生考试制度已实施40多年。据教育部统计数据，1978年研究生招生考试报名人数为1万人。随着高校扩招及受就业形势驱动,报名人数年年上涨,且增速逐年上升,到2023年报名人数达473.8万。对比近20余年的报考人数、录取人数(见表1),可以发现,随着研究生教育规模扩大,考研人数明显增多。

表1 近20余年我国研究生招生考试报考和录取数据统计

年份	报考人数(万)	增长率	录取人数(万)	报录比
2023	473.8	3.68%	125	3.8∶1
2022	457	21.2%	120	3.8∶1
2021	377	10.56%	110.7	3.4∶1
2020	341	17.59%	99.05	3.4∶1
2019	290	21.8%	81.13	3.6∶1
2018	238	18.4%	76.25	3.1∶1
2017	201	13.56%	72.22	2.9∶1
2016	177	7.3%	58.98	3.0∶1
2015	164.9	−4.12%	57.06	2.9∶1
2014	172	−2.27%	54.87	3.1∶1
2013	176	6.3%	53.9	3.3∶1
2012	165.6	9.6%	51.7	3.2∶1
2011	151.1	7.5%	49.46	3.1∶1
2010	140.6	12.8%	47.44	3.0∶1
2009	124.6	3.8%	44.9	2.9∶1
2008	120	−6.8%	38.6	3.0∶1
2007	128.2	0.8%	36.1	3.5∶1
2006	127.12	8.4%	34.2	3.2∶1
2005	117.2	24%	31	3.6∶1

续表1

年份	报考人数（万）	增长率	录取人数（万）	报录比
2004	94.5	18.5%	27.3	2.9∶1
2003	79.7	27.7%	22	2.9∶1
2002	62.4	35.7%	16.4	3.2∶1

根据《中华人民共和国教育法》《中华人民共和国高等教育法》等法律法规，硕士研究生招生应坚持按需招生、全面衡量、择优录取和宁缺毋滥的原则。

研究生招生考试模式稳定，报考人数增多，随之而来的是在优化招考各环节进程中，整个招考流程愈加复杂化、精细化，考务工作变得更细碎繁忙，考务工作人员工作量也呈现激增状态。2022年，报考人数457万人，共安排考点3600余个，考场17万个，包括13万个备用隔离考场，监考人员达378万人。当年四川大学报考人数位居全国第一位，有46 217人（含推荐免试生2633人）。

（二）推荐免试模式产生

1985年，教育部在部分高校试行以推荐免试方式接收部分考生，从应届本科优秀毕业生中选拔人才，全国研究生招生考试开启了推荐免试模式。近年来，各高校推荐免试接收比例逐渐增加。

2022年，四川大学接收推荐免试生2633人。2023年，四川大学接收推荐免试生2800多人，占全日制硕士生总录取人数的45%以上。

（三）研究生招生考试的硕、博士考试方式分化

近年来，博士招生考试历经多次改革，部分高校已经不再进行统一性自命题考试。2017年，各高校博士选拔人才开始了招考改革，申请考核制应时应运而生。从2019年开始，四川大学

采用硕博连读、直博、申请考核制三种方式选拔博士生。对硕士生招生而言,其模式亦可借鉴。

二、现行招生考试模式中的自命题

(一)自命题现状

随着报考人数逐年增加,考试制度逐步完善,考务环节增加,组织难度增大,给考务工作者带来巨大挑战。论其中重点难点,首先是试卷,其中种类之繁多,又以自命题为首。

教育部印发的《2024 年全国硕士研究生招生工作管理规定》的第一章第七条为:全国统一命题科目及招生单位自命题科目试题(包括副题)、参考答案、评分参考(指南)等应当按照教育工作国家秘密范围的有关规定严格管理。

在全国各高校实行按一级学科命题后,自命题考试科目种类有了大幅缩减,但仍然很多。2023 年全国硕士研究生招生考试中,统考联考科目有 24 种,自命题考试科目已超过 2.9 万种。四川大学从 2019 年开始推行按照一级学科命题的做法,至今仍有 113 套自命题。

(二)自命题的工作流程

对招生单位而言,自命题的工作流程从每年 10 月召开命题布置工作会、下达命制任务开始,涉及环节包括自命题交稿、初审复审终审,印制、封装、打包、寄送,12 月考试,考后回收、整理、装订,评阅试卷、成绩公布,第二年 2 月查分复核、3~4 月公布初试合格分数线。周期长且过程繁琐,牵涉人员多。

1. 命制与印制

各招生单位的自命题命制是由各命题组完成的,相关涉密人员命题的同时还承担着教学科研等任务,无法封闭式命题,存在潜在的安全隐患。要求在具备保密条件的场所进行印制。

2. 封装与寄送

自命题由各招生单位印制之后要进行封装，每一个考生的每一份自命题都要折成统一大小，装入小信封，密封后按考点分拣、扫描、合题、打包密封，须在规定的时间节点以邮政机要的方式寄往全国各报考点。

3. 回收与整理

考生完成考试后，各报考点整理打包，统考试卷运送回各省考试院，自命题试卷以邮政机要的方式寄送回各招生单位。收到各地机要后，各招生单位对考生试卷进行集中整理，包括拆包、清点、分拣、扫描、拆封、装订等流程。

4. 装订与评阅

近两年，部分高校已从传统的纸质阅卷转变为网上阅卷，这个转变对各省市、各招生单位自命题封装的信封大小、答题纸卡也带来了改变，五花八门的信封和纸张、要求不一的条形码粘贴方式，使得自命题管理更加繁杂。

（三）自命题作为国家机密，试题安全不容忽视

2019年1月，电子科技大学发布了对招生考试自命题科目"固体物理"试题内容与考试大纲不符调查情况的通报。同年，根据山东省教育厅发布的公告，山东师范大学、青岛理工大学由于出现自命题试题错装，将答案直接发给了考生，导致大面积考生的考试受到影响。自命题的各类安全隐患不得不引起我们深思。

三、取消初试自命题，采用研究生招生考试二阶段模式的可行性分析

（一）研究生招生考试历史上的二阶段模式

我国已有二阶段考核历史，如在职人员攻读硕士学位的全国联考 GCT 考试，类似于 2017 年 GCT 取消后的非全日制硕士

（面向在职定向人员）。GCT 考试模式是先对所有报考考生进行 GCT 考试，成绩出线后即可初筛，通过初筛之后进行第二轮专业课考试。

（二）推行二阶段招生考试的可行性

为培养应用型人才，按教育部要求，硕士研究生结构调整，研究生招生考试中的专业学位将成为近年招考之重。此形势下，各专业学位大类更适合进行国家统一联考。在原有统考联考类科目保留的基础上，专硕新增大类联考科目，延续之前模式进行全国统一命题，学术型小众学科领域联考命题可从教育部学科评估 A 类各高校中选拔，专硕类如八大类，由教育部统一试题，进行统考或联考。

事实上，部分学科专业已经实现了实质意义上的二阶段招生考试，不再有初试自命题。如专业学位硕士中的工商管理硕士、公共管理硕士、法律硕士（含法学和非法学）、会计硕士、医学类专业学位硕士等，业务课部分均由教育部考试中心统一命题。

二阶段模式可在降低初试自命题风险的同时，更凸显公正公平。采取二阶段模式后，初试合格线可作为基础线，通过初试的考生才能进入下一阶段复试环节。对确需自命题的高校，可在复试中进行自命题考试，并对复试内容及流程进行更精准的管理，划线比例也可以根据各学科特点等灵活调整，高水平考生上线率进一步提高。

（三）采取二阶段考试方式将带来的正向影响

1. 对初试合格分数线的影响

当前模式下，无论是教育部公布的国家初试线，还是各高校划定的初试线，因自命题种类繁多，即使是同一专业下，命制难度与评分标准也很难做到全国统一。如采用二阶段考试方式，初试不再有自命题，所有考生都将站在同一水平线上，全国可采用同一标准选取进入二阶段的考生。

2. 对调剂的正向影响

根据教育部现行调剂政策，同一学科门类下虽是唯分数论，但在同分不同卷的情况下，其科学性、公平性有待讨论。

如采用二阶段模式筛选，更能体现公平性，考生调剂更灵活，试题相同，起点相同，可增加各高校自主复试的灵活性，选拔人才更多元，有利于新形势下的交叉学科发展。

3. 对招考单位和报考点的影响

初试阶段全部科目统考对各报考点容错性更强，试卷种类大大减少，没了自命题，考务组织工作流程将更加安全顺畅。二阶段考试可由各高校根据本校情况灵活自定时间，优化考试流程及细节，复试过程中专业知识考核、专业技能考核等可安排在一起进行，可降低各招生单位的风险。

4. 对考生的影响

考生对时间调整的灵活度更高。考试前先专心复习第一阶段的考试科目，初试过关后再集中精力准备下一阶段考试，初试中被淘汰的考生可专心做就业准备。

四、研究生招考机制中的其他补充

第一，推荐免试可扩大接收优秀本科生比例。部分高校的部分基础冷门专业可有选择性地全部推免接收，或部分推免接收、部分面向社会招考，避免推免有生源、统考无人报或调剂不得不降低要求的状况发生。

第二，完善各类专项计划，以补充辅助方式选拔单方面技能突出的高精尖人才，尤其是对国家急需的人才。目前的研究生招生考试专项计划有少干计划、士兵计划、强军计划等，新形势下部分高校制订了诸如强基计划、拔尖人才培养计划、工程硕博士专项计划、校企联合培养计划、交叉学科人才培养计划等，以加快培养国家急需的"高精尖缺"人才。

第三，尝试推行硕士研究生申请考核制，参考现行博士研究生招生考试方式，并进一步优化。招生考试机制可多模式配合，有无互补，扬长避短。

参考文献：

宋东霞，赵潇，刘宇. 我国硕士研究生招考制定变迁与思考［J］. 中国高教研究，2013，11：36－41.

谢静，卢晓中. 我国研究生招生制度60年嬗变——基于历史制度主义的视角［J］. 大学教育科学，2014（4）.

通过公益慈善人才培养推动社会保障学科发展

张浩淼

(四川大学公共管理学院　四川成都　610064)

摘　要：随着我国改革开放和全面建设小康社会的纵深推进，公益慈善事业发展迅速，形成了巨大的人才需求市场。然而，目前我国公益慈善人才培养存在瓶颈，亟须增强公益慈善领域人才储备。培养公益慈善人才离不开社会保障学科的参与，因为公益慈善是社会保障体系的重要补充，公益慈善组织是社会保障体系中的重要力量，公益慈善是社会保障教学与研究的重要领域。为了在推动公益慈善人才培养的同时促进社会保障学科发展，本文提出以下思路：在社会保障专业研究生课程体系中增设公益慈善类课程，依托社会保障专业设置公益慈善特色班，促进公益慈善组织成为社会保障研究生的实习基地，在社会保障高层次人才培养中关注公益慈善方向。

关键词：公益慈善；社会保障；慈善组织；公益慈善特色班

一、我国公益慈善人才的社会需求分析

慈善事业是指建立在社会捐献经济基础之上的民营社会性救助行为，是一种混合型社会分配方式（郑功成，2005）。随着我

国改革开放和全面建设小康社会的纵深推进，公益慈善事业发展迅速，形成了巨大的人才需求市场。《国家中长期人才发展规划纲要（2010—2020 年）》指出，要实施鼓励非公有制经济组织、新社会组织人才发展政策，相关人才培养受到重视。目前，我国公益慈善人才队伍培养存在瓶颈，专业培养体系亟待建立（卢磊，2017）。公益领域的人才培养与发展面临专职人员比例偏低、专业水平偏差、人员流动率偏高、人才供需匹配度不高等现实挑战。

第一，人才供需匹配度不高。人才供需不匹配主要是指人才数量、质量跟发展需求存在脱节（李健，2017）。除专业人才数量严重不足外，人才专业化素质不高，尤其缺乏管理层和项目运作层人才，不利于公益慈善事业的长足发展。清华大学公益慈善研究院发布的《中国公益慈善学历教育发展报告》显示，公益行业从业人员中，绝大多数不是"科班"出身，跨界人才占多数，但跨界人才多有"水土不服"的情况（蓝煜昕，马倩雯，李可嘉，2019）。社会组织若缺少专业人才，服务质量就很难得到保障，组织的专业价值理念在实际中不能得到很好的体现（夏建中，张菊枝，2014）。

第二，人才培养模式尚处于探索阶段。目前，我国对于公益慈善人才的培养模式主要分为高校学历教育、在职人员的继续教育，以及基金会人才培养项目，整体处于起步阶段。一是学历教育培养模式尚未成熟。目前，仅有少部分高校开展公益慈善事业管理本科培养，设立社会工作专业硕士公益慈善研究方向，增设相关专业课程。二是慈善公益类培训不能解决本质问题。机构主要开设短期项目，多以工作坊形式针对性开展，培训缺乏系统性与完整性（谢家琛，2016）。以基金会为主导的专项公益人才培养项目周期较长，资源有限。

二、培养公益慈善人才离不开社会保障学科的参与

（一）公益慈善是社会保障体系的重要补充

社会保障是国家和社会通过收入再分配的方式为社会成员的基本生活权利提供安全保障。公益慈善属于道德范畴，是建立在社会捐献基础上的民营化社会保障事业，公益慈善事业以捐献为立身之本，需要专门的组织来运营，以保证能够根据需要最有效地运用慈善资源，同时形成面向所有需要慈善援助的社会弱势群体及其他公益事业，并保持其经常性、持续性、规范性和相对稳定性。公益慈善事业由于以帮助贫困和弱势群体为直接和主要目的，因此与政府举办的社会救助及有关福利事业是相通的，从而能得到许多国家政府的支持甚至是直接的财政支持（郑功成，2012）。由此可见，公益慈善事业起到了社会保障的作用，是社会保障体系的重要补充。

（二）公益慈善组织是社会保障体系中的重要力量

公益慈善组织开展的救灾救助、扶贫帮困、安老助孤、帮残助医、支教助学等公益慈善事业，有助于缓和社会矛盾，促进社会公平，提高公民素质，对完善社会保障体系和促进共同富裕具有重要意义。首先，公益慈善组织具有创新性和灵活性，可以在对象、时间、额度和形式上采取灵活多样的方式开展救助帮扶，除提供现金外，还可以提供救助服务等。其次，公益慈善组织具有参与第三次分配的良好条件。公益慈善组织可以实现富有阶层帮助贫困阶层，实现阶层之间的良好互动。最后，公益慈善组织具有较快的反应速度。由于公益慈善组织根植于基层，对基层群众的困难情况和救助需求有具体的了解，因此能快速反应，开展的帮扶等活动具有及时、快捷、适用的特点。

（三）公益慈善是社会保障教学与研究的重要领域

公益慈善是社会保障体系的重要补充，公益慈善组织是社会

保障体系的重要力量，因此，对公益慈善的教学和研究也是社会保障学术界的重要使命。

在社会保障研究生阶段的教学中，慈善事业是重要的教学内容之一，一般教材会把其单列为一节甚至一章。在社会保障理论研究方面，有不少关于公益慈善的研究成果。以中国社会保障学会会刊、社会保障学术界公认的最具影响力的期刊《社会保障评论》为例，自2017年创刊以来，该期刊中的论文主题涉及"慈善"的文章有20余篇，既包括古代慈善思想的研究，也包括从新冠疫情看我国慈善事业的短板和问题，这说明在社会保障学术研究领域，对公益慈善的研究始终占据一席之地，是不少社会保障学者的重要研究方向。2020年，中国社会保障学会建立慈善分会，这反映出社会保障学界对公益慈善领域研究的重视程度。

三、以公益人才培养推动社会保障学科发展的思路与设想

（一）社会保障专业研究生课程体系中增设公益慈善类课程

目前，社会保障专业研究生课程体系中公益慈善只是社会保障核心课程中的部分内容，一般在"社会保障学"或"社会救助与社会福利"课程中体现，并没有单独设立相关的公益慈善类课程。因此，推动公益慈善人才的培养，不能仅仅依靠有限的且刚刚起步的慈善管理类学历教育，而是要在社会保障专业中增设公益慈善类的课程，既增加公益慈善领域的人才储备，也促进社会保障学科的发展。

由于社会保障专业教师具有经济学、管理学、社会学等多种学科背景，熟悉社会保障包括慈善相关的专业知识，还有一些教师专门从事公益慈善方面的研究，因此，在社会保障专业研究生课程体系中增设公益慈善类课程具有可行性。从国外社会福利专业教育看，公益慈善是重要的专业课程，笔者曾在加州大学伯克利分校社会福利学院访学，其社会福利专业的必修课之一是基金会、慈善事业和社会服务。

此外，在社会保障专业课程中增设公益慈善类课程也获得相关政府部门的支持和鼓励。2020年7月，笔者参加了四川省民政厅慈善人才培育座谈会，这次座谈会邀请了四川大学、西南财经大学、四川师范大学社会保障相关专业的教师，探讨并鼓励在四川省高校开设慈善相关课程，以扩大慈善力量服务基层治理的人才规模。

（二）依托社会保障专业设置公益慈善特色班

除了在社会保障专业中增设公益慈善类的课程，还可以考虑依托社会保障专业设置公益慈善特色班，面向相关专业的研究生招生，通过个人简历＋个人结构化面试＋小组面试等方式择优录取30~40人，由其组成公益慈善特色班。

在学科课程设置方面，可以分为专业基础课和公益慈善核心课，专业基础课包括社会保障学、管理学、公共管理学、组织行为学、社会救助与社会福利等，公益慈善核心课包括非营利组织管理、第三部门研究、公益慈善创新和前沿等。在实践教学方面，应该通过竞赛和实践参与等方式推动研究生把理论与实践联系起来，例如举办公益慈善项目大赛、组织访问参观公益慈善组织、邀请知名专家和实务人员举办讲座、开展公益慈善实训营活动等。在学生毕业方面，学生除了获得原所在专业的学位外，修满一定学分并达到考核条件后，可获得公益慈善特色班的结业证书。总之，在公益慈善特色班人才培养方面，充分利用学校相关政策，与社会保障专业共享师资和课程资源，以降低运行成本并确保可持续性，同时社会保障专业要积极引进公益慈善领域的优秀青年教师，在培养公益慈善人才的同时推动社会保障学科和专业的发展壮大。

（三）促进公益慈善组织成为社会保障专业研究生的实习基地

社会保障专业带有一定的价值理念，天然追求社会公平正义，因此专业教师要让学生深刻理解并真心接受这种价值观，而不能靠说教和强制灌输。公益慈善组织作为实施公益慈善事业的主体，在促进社会公平正义方面扮演着市场和政府难以替代的重要角色，是推动中国式现代化的重要力量。因此，促进公益慈善组织成为社会保障专业研究生的实习基地并让其积极进入公益慈善组织实习，是让研究生通过参与和实践认同公平正义的专业价值的重要途径。

公益慈善组织涉及的领域包括医疗、儿童、老年人、残疾人、扶贫、济困等，而社会保障专业涉及的领域包括医疗保障、儿童福利、养老保障和老年福利、残疾人福利、扶贫开发、社会救助等，两者涉及的领域高度吻合，因此，通过设立实习基地推动社会保障专业研究生去公益慈善组织实习既能发挥研究生的专业特长、培育其专业价值和道德修养，还能促进公益慈善组织在相关领域的专业化发展，为服务对象提供专业、高质量、有针对性的服务和帮助，让慈善组织成为具有竞争力的社会团体，一举多得。

（四）在社会保障高层次人才培养中关注公益慈善方向

公益慈善事业作为国民收入第三次分配的主渠道，是我国社会治理体系现代化的重要组成部分。要促进我国公益慈善事业的发展，使其在中华民族伟大复兴的进程中贡献更多力量，就需要高度重视慈善人才培养，虽然基层社区要有慈善专门工作人员，但同时也要有高层次的理论人才，来创设中国特色社会主义慈善理论，专门从事慈善领域理论研究和国际比较研究，在这方面，社会保障专业在培养高层次人才的过程中要关注公益慈善的研究方向，引导社会保障专业的硕士和博士研究生选择公益慈善领域的问题作为研究方向，并完成该领域的硕士与博士毕业论文。

笔者的博士生导师，中国社会保障学会会长、中国人民大学郑功成教授在培养社会保障专业的硕士与博士研究生过程中一直注重引导学生关注公益慈善领域，并鼓励学生以此作为学位论文选题，通过中国人民大学博、硕士学位论文检索系统粗略统计了郑功成教授指导的公益慈善类博、硕士学位论文，发现共有15篇硕士学位论文、4篇博士学位论文，研究内容既涉及我国的历史与宗教慈善，也涉及现实慈善问题和国外慈善组织，还涉及公司的公益捐赠等，郑功成教授在培养关注公益慈善领域的社会保障高层次人才方面做出了重要贡献和表率。我国各高校社会保障专业的硕士生导师和博士生导师也应该积极主动引导学生关注公益慈善领域，培养更多关注公益慈善的社会保障高层次人才，在助推我国公益慈善理论研究和实践事业发展的同时，推动社会保障学科发展壮大。

参考文献：

蓝煜昕，马倩雯，李可嘉. 中国公益慈善学历教育发展报告［R］. 北京：清华大学公益慈善研究院，2019.

卢磊. 公益慈善事业发展需要专业人才支撑［N］. 中国社会报，2017－07－24（4）.

李健. 公益慈善人才学历教育发展路径研究［J］. 学会，2017（6）：19－22.

夏建中，张菊枝. 我国社会组织的现状与未来发展方向［J］. 湖南师范大学社会科学，2014，43（1）：25－31.

谢家琛. 加快公益慈善管理的人才培养 促进公益慈善事业可持续发展［J］. 中国民政，2016（20）：34－35.

郑功成. 社会保障学［M］. 北京：商务印书馆，2012：29.

郑功成. 现代慈善事业及其在中国的发展［J］. 学海，2005（2）：36－43.

中国公益人才发展研究状况研究报告［R］. 北京：清华大学公益慈善研究院，2019.

新工科背景下实战型网络安全人才培养模式的探索与实践
——以工业控制系统安全为例

李贝贝 杨频 赵辉

(四川大学网络空间安全学院 四川成都 610064)

摘 要：面向工业控制系统领域的网络安全人才培养是"新工科"背景下的新教育课题。本文通过对"新工科"背景下网络安全人才培养新形势和新要求的整体分析，以及对当前工业控制系统网络安全人才培养模式现实困境的系统梳理，提出了以"学—练—用"为核心的实战型网络安全人才培养新模式。本文以工业控制系统安全为例，通过课堂理论教学、靶场技能训练以及实际应用相结合的方式，构建了以实战能力培养为目标的复合型网络安全人才培养模式，探索了攻防实战在工业控制系统网络安全人才培养方面的重要价值，以期为网络安全领域人才培养机构和指导教师提供借鉴。

关键词：人才培养；新工科；网络安全；攻防实战；工业控制系统安全

一、"新工科"背景下网络安全人才培养的新形势和新要求

大数据、云计算、5G、物联网、人工智能等新一代信息通

信技术的不断涌现，在赋能社会经济发展的同时也带来日益严峻的网络空间安全问题。"十二五"以来，国家层面高度重视网络空间安全的发展，《"十四五"国家信息化规划》中更是强调要坚持安全和发展并重，加强网络安全信息统筹机制建设，提升网络安全自主防御能力。工业控制系统涉及能源、交通、航空航天等多个领域，作为支撑国民经济发展的关键基础设施，其网络安全与国家安全息息相关。近年来，新一代信息通信技术与传统工业控制系统的紧密结合，使得网络空间的边界向着物理世界不断扩张，导致工业控制系统面临前所未有的网络安全威胁。

《工业控制系统信息安全行动计划（2018—2020年）》明确指出要加强企业的工控安全防护技术培训，提高全员的安全意识（褚健，2018）。工业控制系统安全保障能力的提升不仅需要先进的技术能力，更需要工业控制系统安全领域的专业人才，这就对网络安全人才培养提出了新的要求。2017年2月以来，教育部积极推进新工科建设，发布了《关于开展新工科研究与实践的通知》《关于推荐新工科研究与实践项目的通知》，全力探索形成领跑全球工程教育的中国模式、中国经验，助力高等教育强国建设。"新工科"意味着"新兴""新型""新生"，具有引领性、交融性、创新性和跨界性。新时代的经济发展和产业升级要求"新工科"背景下的人才培养应该着重考虑工业应用的实际需求，培养学生解决实际工程问题的能力，加强产教融合和协同育人。培养学生的实践与创新能力不能单单依靠书本阅读和课内讲授，理论联系实际、加强案例分析和实践课程是"新工科"背景下课程改革的重要内容。课程改革不仅需要顺应国家经济发展和工业需求，还需要帮助学生全面系统地掌握专业知识，学习满足自身职业和终身发展需要的技能。工业控制系统安全作为"新工科"背景下的新兴学科，需要面对专业知识与技能在现实场景的具体应用，特别需要注重实践能力的提升（程宇，2019；陈志翔，欧斌娜，田谦益，2019）。

二、工业控制系统网络安全人才培养模式的现实困境

工业控制系统安全学科是一门新兴的交叉学科，在教学过程中涉及多个领域的专业知识，且特别需要配合实战操作训练以进行知识的强化。工业控制系统安全教学不仅需要满足高校的教学目标，还要能够培养满足企业需求的信息安全复合型人才。各高校对于如何高效、高质地培养工业控制系统网络安全人才问题仍处在探索阶段。目前，教学中主要存在以下三点问题。

第一，在课堂理论教学方面，工业控制系统安全知识体系庞大、理论性强、知识抽象，学生难以形成综合认知体系（王佰玲，董开坤，张宏莉等，2020）。客观来说，作为一门复杂学科，工业控制系统安全的知识体系在不断延伸和发展，而课程设置不能进行及时更新，课程前后关联度不强、融合度不足，缺乏系统性。固定的教学内容没有与现有的前沿热点接轨，也直接导致了人才培养滞后于工业需求的局面。目前的课程以教师的讲授为主，视频、动画、图片素材为辅，依据教材向学生进行知识灌输，缺乏对实际工业控制安全案例的分析讲解。学生被动地接受知识，不仅无法扎实吸收理论知识，不利于学生自主学习能力的培养，更磨灭了学生对工业控制系统安全的兴趣。

第二，在课程技能实践方面，目前的课程多以经典实验案例为主。学生仅利用"虚拟机"等方式进行简单的实验操作，且目前的实验大多为验证性实验，缺乏研究性实验，不能激发学生的求知兴趣和主动参与，因而学生在课程实践中无法充分系统地、创新地运用学习到的课堂知识。由于教学设备受限等原因，学生没有途径对工业控制系统进行自主的渗透测试及漏洞挖掘工作。

第三，在课程应用实践方面，目前的课程内容多偏理论教学，而缺乏与实际应用相关的内容，教学没有真实完备的实战环

境和教师的引导，学生对攻防工作的理解都是纸上谈兵，也不利于对所学知识的进一步深化巩固和对新技术的探索学习，学生也无法训练在实际工程中的操作能力。

三、实战型工业控制系统网络安全人才培养模式探索与实践

工业控制系统的网络安全人才培养，需要建设多元化、重实践的人才培养体系。本文依托"网络靶场"，注重理论课程与实践课程相结合，提出"学—练—用"为核心的实战型网络安全人才培养新模式，以期提高理论课程学习效果和学生的工程实践能力。

（一）"学"——转变教学理念，改进教学方法

在课程理论教学方面，"新工科"背景下的工业控制系统安全课程需要对教学内容和教学方法进行改进（林健，2020）。教师的"教"与学生的"学"共同影响着教学效果，只有两者和谐平衡、相互促进，才能达成教学目标。

新工科的课程建设注重课程的综合化，不仅注重学生对知识的理解，更强调在实际工程中的具体应用。通过对课程的学习，学生应当具备独立解决该类工程问题的能力。工业控制系统安全课程以计算机学科为基础，结合工业自动化和网络信息安全等方面的理论知识进行教学。因此，单一的理论学习无法培养具有国际视野、创造力的高素质的复合型人才，教师应密切结合科研前沿热点、重大安全事件和教材内容，提升学生对工业控制系统安全的理解。"攻"与"防"是相互渗透的两个方面，在信息安全人才培养过程中，还要注重对学生职业道德和健全人格的相关教育。

在课堂讲授内容方面，教师应以案例讲解为引导，以学生为中心，以讨论为方法，采用拓展式启发式的教学模式，教授学生面对网络安全突发事件时从业人员的正确做法。我们结合"翻转

课堂"的形式，鼓励学生上台分享自己了解的工业控制系统安全的相关案例，包括Stuxnet恶意蠕虫病毒攻击事件、乌克兰电网攻击事件等。通过案例分享与课堂讨论，学生从具体事件中更深入地学习到网络安全理论知识，在这个过程中对工业控制系统安全的理解有了进一步的提高。同时，我们采用柔性方式帮助学生树立正确的职业道德观念。通过师生互为主体的互动式教学，帮助学生吸收枯燥抽象的理论知识，在具体的案例中涵养职业道德、发展人文精神，提升教学效果，调动学生对工业控制系统安全的兴趣，激发学生的深度思考和求知欲。

（二）"练"——优化课程实践，巩固课堂内容

在课程技能实践方面，工业控制系统安全人才不是理论性人才，而是能够快速学习和掌握新兴技术并应用知识解决实际工程问题的"实战型"人才，课程实践应以培养学生的动手能力和独立思考能力为重心（阮伟，陈亮，郝唯杰等，2022）。

课程实验作为工业控制系统安全实践的重要内容，其内涵和形式在设计时应注重模块化和多样化。按照不同的知识内核将课程实验划分为多个模块，以促进课程中理论知识的整体应用和交叉融合。在技术层面帮助学生夯实基础，在理论层面帮助学生深化理解。验证性实验主要用于掌握某个知识点或技能点，可以在课前以导学的方式引导学生自主尝试和独立思考。较为复杂的问题以学生先讨论、教师后集中解答的方式解决，建立学生对工业控制实验的宏观认识。综合性实验和设计性实验侧重培养学生解决某一实际问题信息安全问题的能力，需要学生自主分析问题、设计方案、解决问题。

为了提高网络空间的实战能力，国内外通过建立网络靶场进行多情景的网络演习，来提高学生的网络空间实战能力（王群，李馥娟，郭向民，2021）。网络靶场能够将松散单一、缺少关联性的内容集中到特定平台上，提供完整的、一体化的网络攻防实

验环境。我们依托四川大学大学生双创网络靶场工业控制系统网络环境，开展工业控制系统网络安全实战演练活动，学生可以运用学到的理论知识与实践技能开展具有"趣味性""知识性""挑战性"的攻防演练，更加直观地感受网络攻防工作的整个流程。沉浸式地体会真实攻防场景下的具体工作细节，也能够帮助学生更全面、更系统性地认识到工业控制系统安全的方方面面。教师可以实时关注学生的实验进展情况，给予有效的分析和指导。同时组织学生进行研讨交流，互帮、互助、互评。对于设计性任务，鼓励学生开展成果展示，通过讨论答辩等方式丰富学生的知识体系。在实战演练的过程中，学生的团队合作意识、创新意识、现代工程意识、批判性意识能得到显著提高。

（三）"用"——实际应用实践，培养应用型人才

在课程应用实践方面，工业控制系统网络安全要求学生需要能够对现实环境中的工控系统进行漏洞扫描及脆弱性分析，并进一步挖掘工业控制系统可能面临的安全问题，同时掌握对软硬件设备的联动调试与安全运维等工作，保障工业控制系统的安全性和稳定性。

新技术、新产业也给目前的高校实践课程带来新的挑战，各高校正在积极建设工科实践环境，联合企业实践，力求创设真实可靠、利用率高的工科实践环境，帮助学生进行深刻、细致的实战练习，切实提高学习效率，培养学生在实际复杂工程中发现问题和解决问题的能力。"他山之石，可以攻玉"，产教融合、校企合作是提升课程实践效果的重要途径，可以弥补传统教学方式中资源不足的问题（王文娟，孙奕，杨智等，2022）。利用工业控制系统相关企业的实验室或其他形式的真实环境，开展可控的渗透测试以及漏洞挖掘等活动，逐步形成与生产环境衔接、专业性强的综合实训体系。我们在课堂理论教学之余，联合项目合作单位的相关工业控制系统实验室对工业控制系统进行测试，进一步

针对工业控制系统安全进行攻击与防御训练，针对工业控制系统进行漏洞挖掘。学生在实践中进一步提升知识技能，深化对工业控制系统网络安全的认识与理解，增强解决复杂工程问题、完成综合任务的能力。

四、总结

"新工科"背景下的实战型工业控制系统网络安全人才培养是一项需要不断探索、不断创新的挑战性工作。对此，本文以"工业控制系统安全"课程为例，提出了以"学—练—用"为核心的实战型网络安全人才培养新模式，探索了攻防实战在工业控制系统网络安全人才培养方面的重要价值。通过课堂理论教学、靶场技能训练以及实际应用相结合的方式，增强了学生对工业控制系统及其安全问题的认知和理解，提升了学生解决工业控制系统实际安全问题的能力，为社会培养了具有实战能力的工业控制系统网络安全人才。

参考文献：

陈志翔，欧斌娜，田谦益. 工控系统信息安全人才培养探讨［J］. 计算机教育，2019（1）：44-47.

程宇. 国内外工业信息安全人才培养现状浅析［J］. 自动化博览，2019，36（S2）：72-75.

褚健. 解读《工业控制系统信息安全行动计划（2018—2020）》［J］. 自动化博览，2018，35（7）：54-55.

林健. 新工科专业课程体系改革和课程建设［J］. 高等工程教育研究，2020（1）：1-13+24.

阮伟，陈亮，郝唯杰，等. 工业控制系统信息安全沉浸式教学探究——以浙江大学为例［J］. 现代教育技术，2022，32（7）：93-100.

王佰玲，董开坤，张宏莉，等. 网络空间安全新工科专业建设的探索与实践［J］. 高等工程教育研究，2020（3）：37-42.

王群，李馥娟，郭向民，等. 网络靶场实训平台的规划与实践［J］. 火力与指挥控制，2021，46（7）：136－141.

王文娟，孙奕，杨智，等. 基于任务驱动和翻转课堂深度融合的信息安全技术课程实践教学模式探索［J］. 计算机教育，2022（8）：123－127＋132.

新时代研究生教学质量保障机制的新探索*

——以四川大学电子信息学院为例

蔡苹杨　赖　华　张启灿

（四川大学电子信息学院　四川成都　610065）

摘　要： 本文阐述了研究生教学质量在新时代教学改革背景下的重要性，通过对课程整体质量、研究生对教学的需求以及企业（用人单位）和研究生管理部门的参与度等方面的调查，对四川大学电子信息学院研究生教学质量进行了研究和分析，提出需要改进的方面，并针对调查分析结果提出改进措施和方案。

关键词： 新时代；研究生教学；质量保障机制

教学质量一般是指在教学或实习过程中以及在一定的阶段和环境下，通过教师教导授课、学生的学习表现和相关部门的教学管理，学生学业发展达到某一标准的程度（韩青松，郭啸，刘伟诚，2022）。教学质量既包含主导教学的教师"教"的质量，也包含学生"学"的质量，还包含相关教学管理部门的管理质量。

---

* 本文系四川大学研究生教育教学改革研究项目"基于新时代背景下企业、教师和研究生三方参与的教学质量保障机制的建构与实践研究"成果，项目编号：GSSCU2021021。

2020年7月,习近平总书记就研究生教育工作做出重要指示,指出中国特色社会主义进入新时代,即将在决胜全面建成小康社会、决战脱贫攻坚的基础上迈向建设社会主义现代化国家新征程,党和国家事业发展迫切需要培养造就大批德才兼备的高层次人才。习近平总书记强调,研究生教育在培养创新人才、提高创新能力、服务经济社会发展、推进国家治理体系和治理能力现代化方面具有重要作用(习近平,2020)。研究生教学作为研究生教育的重要组成部分,日益受到社会各界广泛关注,因此,保障研究生教学质量不但是贯彻习近平总书记关于研究生教育工作的讲话精神,也能更好地回应社会发展的公共价值诉求,具有重大意义。

一、研究生教学质量的重要性

在新时代教学改革的背景下,国家日益重视各层面教学质量在研究生培养中的作用。2013年,教育部等三部委发布了《关于深化研究生教育改革的意见》(教研[2013]1号),提到重视发挥课程教学在研究生培养中的作用,建立完善培养单位课程体系,改进、优化机制,规范课程设置审查,加强教学质量评价。2014年,教育部发布《关于改进和加强研究生课程建设的意见》(教研[2014]5号),提到高度重视课程学习在研究生培养中的重要作用,将课程质量作为评价学科发展质量和衡量人才培养水平的重要指标。2020年,教育部等三部委联合发布了《关于加快新时代研究生教育改革发展的意见》(教研[2020]9号),明确提出将课程教材质量作为学位点合格评估、学科发展水平、教师绩效考核和人才培养质量评价的重要内容。

高校研究生教学质量与国家的"双一流"建设、地方高水平大学建设和研究型大学的建设息息相关,并且教学质量的提高有助于打造优秀的师资队伍、提高人才培养质量、加快高校建设步伐（韩青松，郭啸，刘伟诚，2022）。

高校研究生的教学质量受诸多因素影响，包括政府、高校、教师、研究生和企业（用人单位）等，其中教师、研究生、企业会对教学质量产生最直接的影响。然而，在科技迅猛发展的今天，热点科技和前沿技术不断涌现，社会需求热点迅速切换，社会与学生群体的变化都将影响教学的各个环节，因此需要不断改进以适应时代发展的需求，在新时代背景下新型的教学质量评估、沟通和适应机制的建构显得尤为重要。

本文以四川大学电子信息学院的研究生教学为例，通过多方、多类型的调研，从以下三个方面展开研究生教学质量保障机制的探索和研究。

二、对四川大学电子信息学院教学质量的调研分析

首先，要思考三个核心问题：第一，研究生课程的整体质量如何，存在什么样的问题？第二，研究生对教学的需求和教学质量的要求是什么？第三，企业（用人单位）和研究生管理部门对于研究生教育的重要性以及应该如何发挥其在研究生教育中的协同作用持何种态度？基于此，我们通过问卷调查的方式，以四川大学电子信息学院的研究生为样本进行调研。根据课程安排，电子信息学院大部分学生在一年级会完成研究生阶段课程的修读，因此我们采用自填式问卷的方式对二年级硕士研究生和博士研究生进行了调查（二年级硕士研究生约为 240 人，博士研究生约为 40 人），共发放调查问卷 250 份，返回 184 份，有效问卷 184 份，其中硕士研究生 163 名，博士研究生 21 名，问卷有效回收率为 73.6%。同时，电子信息学院也邀请了相关资深教师和管理人员对电子信息学院开设的研究生课程进行随机听课，根据问卷调查和听课结果，我们得出以下三个结论。

（一）研究生课程整体满意程度较好，但仍然存在问题

对选课学生就电子信息学院开设课程的整体满意度的调查结果显示，73.7%的被访者对选修课较为满意，87.5%的被访者对必修课较为满意。选课学生认为课程中部分学生的出勤率和听课状态欠佳，其中20.66%的被访者认为课堂的出勤率并不太好，26.08%的被访者认为学生上课的听课状态不佳。相关人员在听课的过程中也反映部分课堂学生的出勤率和听课状态欠佳，选修课出现该情况的概率略高于必修课，这和选课学生的调查问卷结果基本一致。

综合以上数据，电子信息学院开设的必修课和选修课的综合满意度均有待提高，但对必修课的课程满意度较选修课的满意度较高。这与学生的出勤率、听课状态互相影响，满意度较高的课程，学生的出勤率和听课状态更好，反之则更差。出现这种情况的主要原因有如下四个方面：（1）相较于选修课，教师和学生都更加重视必修课；（2）部分教师的教学技能和课堂掌控能力有待提升；（3）部分学生的学风学纪需要加强；（4）缺乏相应的教学质量管理手段和教学质量保障机制。

（二）研究生本身对教学质量有一定的要求和期待

研究生相较于本科生具有更强的独立意识和更清晰的人生规划，因此研究生对所学课程内容和质量有更明确的期待。选课学生对教学需求的调查结果如表1所示：

表1 选课学生对教学需求的调查结果

调查问题	各选项所占比例（%）				
	非常符合（非常好）	符合（好）	一般	不符合（差）	非常不符合（非常差）
课堂中教师授课的状态如何	42.39	47.83	9.24	0.54	0.00

续表1

调查问题	各选项所占比例（%）				
	非常符合（非常好）	符合（好）	一般	不符合（差）	非常不符合（非常差）
教材教辅选用是否合适	29.34	51.09	17.39	1.09	1.09
课程有拓宽自身的学术视野，丰富并完善自身的系统专业知识	30.43	54.36	12.50	2.17	0.54
课程有让您产生学习兴趣、提高科研意识和科研动力	28.8	53.8	15.22	1.09	1.09
课程对未来发展、科研和工作有重要价值	30.43	44.57	20.65	2.72	1.63
课程有相应的互动或者参与感	29.35	53.80	13.59	2.72	0.54
课程有结合最新学科的新成果、新发现及教师自己的研究方向和见解	35.33	47.28	15.22	1.63	0.54

从表1可以看出，大部分选课学生对电子信息学院所开设的课程表示认可，但有一些学生认为从课程中不能得到预期的收获。通过问卷调查和课后交流，我们认为造成这个结果的主要原因有以下两点：（1）学生具有不同的学习经历（跨考、专业调剂、本科阶段学习侧重点等），导致相关基础知识扎实程度不同；（2）学生未来的志向不一致（工程师、公务员、科研等），导致对课程的需求不一致。

（三）企业（用人单位）和研究生管理部门参与度较低

调查显示，学校、学院、企业（用人单位）、授课教师、导师、辅导员等6个角色中，学生认为对教学质量保障起最重要作用的环节分别是学校研究生院、授课教师和学院教务科，占比分别为88.52%、85.79%和75.41%。同时，学生认为参与度最低的三个环节是用人单位（实习单位）、学院教务科、学校研究生院，占比分别为46.99%、30.6%和25.68%。

数据显示，学生认为最重要的两个教学质量保障环节——学校研究生院、学院教务科，反而是他们认为参与度最低的环节。造成这种感知差异的主要原因为如下三点：（1）教学保障机制未持续动态改进，导致教学质量问题；（2）教学管理部门主要从事幕后管理工作，学生并不能直观感受到相关机制的运行；（3）部分教学保障机制在执行过程中落实不够彻底。同时，在制定教学质量保障机制的过程中往往忽略了比较重要的校外环节以及人才的接收端。

三、电子信息学院教学质量保障机制构建的探索

通过以上调查和思考，我们采取了如下措施。

（一）针对部分课程和部分学生出勤率较低，听课状态欠佳

第一，加强学生管理和教育，并建立相应管理制度。以教学班为单位挑选一名学生作为学习委员，对该班级的出勤情况进行记录，对无故缺勤或者迟到的学生严格按照相关规定进行处理。将课堂出勤率、平时表现等纳入课程总成绩，出勤率低的学生按照相关规定取消考试资格。

第二，与授课教师沟通，要求其加强课堂沟通、丰富教学方法和优化课堂掌控力。对初次上课的教师，学院安排有教学经验的教师进行辅导，并进行试讲评估，持续关注并改进新老授课教师的教学能力。督促部分任课教师积极改进教学方式和内容，激发学生学习兴趣，促进师生之间的良性互动。建立合理的多人授课课程教师选拔机制。

（二）针对部分学生课程收获不多

第一，课程负责人按照要求重新审阅、选用教材并优化课程

教学大纲，更多地考虑课程能够覆盖不同基础、不同需求的学生。在课程信息中明确课程的前置知识储备和课程内容偏向（应用、研发等）。

第二，课程负责人在授课初期可对教学班的学生进行相关调查了解，以便及时调整后续课程的教学内容偏向和教学方法。

第三，针对重点课程可根据实际需求开设两个方向不同的班，一个班偏重应用，一个班偏重科研，并在课程开班时注明。

（三）针对企业（用人单位）和研究生管理部门参与度较低

第一，学院组织相关人员与企业进行沟通，与实际需求紧密结合并制订合理的培养计划，开设更加符合人才接收端需求的课程。

第二，开设相应的实践课程，邀请合作企业或研究所的专家前来授课，组织选课学生前往企业或研究所实地参观学习。

第三，实践课程或者实习期间加强与用人单位的沟通，及时了解双方的培养进度和质量，实时监测教学质量。

第四，校院两级教学管理部门积极参与教学质量保障各环节，对研究生课程全过程进行监督和检查，建立有效的教学质量保障机制并积极向教师、学生、用人单位进行宣传，及时根据实际情况持续改进。

四、结束语

综上，通过问卷调查和思考，我们分析了四川大学电子信息学院教学质量保障机制需要改进的方面，从教师、学生、用人单位、教学管理部门等多个角度初步探索了新的教学质量保障机制，以期促进电子信息学院教学质量提升，为未来学位点合格评估、教师绩效考核、人才培养质量、学校学院的发展和"双一流"的建设做出贡献。

参考文献：

韩青松，郭啸，刘伟诚."双一流"建设背景下高水平大学研究生教学质量评价的必要性和重要性研究[J]. 大学，2022（2）：71-75.

研究生学科目录变化情况研究

江虎继　赵　庆

（四川大学发展规划处　四川成都　610065）

摘　要：本文梳理了国家先后颁布的五版研究生学科目录中人文社会科学（简称人文社科）、自然科学、交叉学科目录变化情况，以期深入了解学科多元化发展变化。本文还分析了国家调整学科目录的原则，以期有助于指导高校学科建设优化调整工作。

关键词：研究生；学科目录；变化；优化调整

国家颁布的研究生学科目录（简称学科目录）分为学科门类、一级学科、二级学科，学科门类是对具有一定关联学科的归类，一级学科是具有共同理论基础或研究领域相对一致的学科集合，二级学科是组成一级学科的基本单元[①]。学科目录在人才培养和学科建设中发挥着指导功能、规范功能，分析国家颁布的学科目录调整情况，有助于高校更深入地了解学科专业发展规律，指导高校学科建设优化调整工作。

---

① 参见中国学位与研究生教育信息网：学科目录 http://www.cdgdc.edu.cn/xwyyjsjyxx/xwbl/cdsy/263622.shtml.

一、学科目录变化情况

国家先后于 1983 年、1990 年、1997 年、2011 年、2022 年发布五版学科目录。五版学科目录的变化情况如下（见表 1）。

表 1　五版学科目录变化情况

	1983 年版	1990 年版	1997 年版	2011 年版	2022 年版
门类数量	10	11	12	14	14
一级学科数量	64	72	89	113	117
二级学科数量	647	620	386	未公布	未公布

五版学科目录中，学科门类由 1983 年版的 10 个增加到目前的 14 个，一级学科数量由 64 个增加到 117 个。2011 年版中二级学科由规范性目录变为指导性目录，教育部未公布二级学科目录，允许高校自主设置二级学科。由于人文社科①与自然科学显著不同，交叉学科门类是学科知识发展的新领域，与传统学科门类不同，分别分析人文社科、自然科学、交叉学科目录变化情况有助于深入了解学科多元化发展变化。

二、人文社科学科目录变化情况

五版学科目录中，人文社科学科门类数量由 6 个增加至 8 个，一级学科数量由 1983 年版的 14 个增加至 2011 年版的 28 个，2022 年版减少到 26 个；二级学科数量持续减少，2011 年版不再公布二级学科（如表 2 所示）。

---

① 为方便对比分析，按照高校管理中的惯例，将文学、历史学、哲学、艺术学、经济学、管理学、法学、教育学八个门类统称为人文社科。

表 2 人文社科学科目录变化情况

序号	学科门类	1983年版 一级学科数	1983年版 二级学科数	1990年版 一级学科数	1990年版 二级学科数	1997年版 一级学科数	1997年版 二级学科数	2011年版 一级学科数	2011年版 二级学科数	2022年版 一级学科数	2022年版 二级学科数
1	哲学	1	10	1	9	1	8	1	—	1	—
2	经济学	1	24	1	27	2	16	2	—	2	—
3	法学	5	37	5	39	5	31	6	—	8	—
4	教育学	3	34	3	33	3	17	3	—	3	—
5	文学	3	51	3	44	4	29	3	—	3	—
6	历史学	1	13	1	14	1	8	3	—	3	—
7	管理学	—	—	—	—	5	14	5	—	5	—
8	艺术学	—	—	—	—	—	—	5	—	1	—

1997年版经济学门类"经济学"一级学科拆分为"理论经济学""应用经济学"2个一级学科；法学门类新增"马克思主义理论"1个一级学科①，撤销"国际政治"1个一级学科；文学门类新增"新闻传播学"1个一级学科；新增管理学门类，并新增"工商管理""公共管理""农林经济管理"3个一级学科，同时，工学门类中的"管理科学与工程"调整到管理学门类，理学门类中的"图书馆与情报学"更名为"图书馆、情报与档案管理"并调整到管理学门类（如表3所示）。

2011年版法学门类新增"公安学"1个一级学科；历史学门类"历史学"一级学科拆分为"考古学""中国史""世界史"3个一级学科；文学门类撤销"艺术学"一级学科，新增艺术学门类，并设立"艺术学理论""音乐与舞蹈学""戏剧与影视学""美术学""设计学"5个一级学科（如表3所示）。

2022年版法学门类新增"中共党史党建""纪检监察学"2个一级学科，艺术学门类"艺术学理论""音乐与舞蹈学""戏剧

---

① "马克思主义理论"为2005年增设。

与影视学""美术学""设计学"5个一级学科合并为"艺术学"1个一级学科(如表3所示)。

表3 人文社科学科具体变化情况

门类	1983年版	1990年版	1997年版	2011年版	2022年版
哲学	哲学	哲学	哲学	哲学	哲学
经济学	经济学	经济学	理论经济学	理论经济学	理论经济学
			应用经济学	应用经济学	应用经济学
法学	法学	法学	法学	法学	法学
	政治学	政治学	政治学	政治学	政治学
	国际政治和国际关系	国际政治	—	—	—
	社会学	社会学	社会学	社会学	社会学
	民族学	民族学	民族学	民族学	民族学
			马克思主义理论	马克思主义理论	马克思主义理论
					公安学
					中共党史党建
					纪检监察学
教育学	教育学	教育学	教育学	教育学	教育学
	心理学	心理学	心理学	心理学	心理学
	体育学	体育学	体育学	体育学	体育学
文学	中国语言文学	中国语言文学	中国语言文学	中国语言文学	中国语言文学
	外国语言文学	外国语言文学	外国语言文学	外国语言文学	外国语言文学
			新闻传播学	新闻传播学	新闻传播学
	艺术学	艺术学	艺术学	—	—
历史学	历史学	历史学	历史学	考古学	考古学
				中国史	中国史
				世界史	世界史

续表3

门类	1983年版	1990年版	1997年版	2011年版	2022年版
管理学			**管理科学与工程**	管理科学与工程	管理科学与工程
			工商管理	工商管理	工商管理
			农林经济管理	农林经济管理	农林经济管理
			公共管理	公共管理	公共管理
			图书情报与档案管理	图书情报与档案管理	**信息资源管理**
艺术学				艺术学理论	**艺术学**
				音乐与舞蹈学	—
				戏剧与影视学	—
				美术学	—
				设计学	—

说明：黑体表示新增或更名。

三、自然科学学科目录变化情况

五版学科目录中，自然科学学科门类稳定①，理学、工学、农学、医学作为门类在五版学科目录中均未发生变化；一级学科数量由1983年版的49个增加至当前的75个；二级学科数量持续减少，2011年版不再公布二级学科（如表4所示）。

---

① 军事学门类于1990年版设立，由于普通高校不涉及，故本文未涉及。

表 4 自然科学学科数量变化情况

序号	学科门类	1983 年版		1990 年版		1997 年版		2011 年版		2022 年版	
		一级学科数	二级学科数	一级学科数	二级学科数	一级学科数	二级学科数	一级学科数	二级学科数	一级学科数	二级学科数
1	理学	12	88	13	86	12	50	14	—	14	
2	工学	25	234	26	216	32	113	39	—	39	
3	农学	6	59	5	47	8	27	9	—	10	
4	医学	6	88	6	76	8	54	11	—	12	
	合计	49	469	50	425	60	244	73	—	75	

从具体变化情况来看（见表5），1990年版理学门类新增"系统科学""图书馆与情报学"2个一级学科；工学门类新增"轻工"1个一级学科；工学门类"金属材料"与"非金属材料"2个一级学科合并为"材料科学与工程"1个一级学科；理学门类中的"管理科学"与工学门类中的"管理工程"合并为"管理科学与工程"，属于工学门类；农学门类中的"农业机械化与电气化"更名为"农业工程"并调整到工学门类。

1997年版理学门类中的"自然科学史"与工学门类中的"技术科学史"合并为"科学技术史"，属于理学门类；工学门类新增"光学工程""信息与通信工程""水利工程""矿业工程""石油与天然气工程""环境科学与工程""生物医学工程""食品科学与工程"8个一级学科；农学门类中"农学"一级学科拆分为"作物学""园艺学""农业资源与环境""植物保护"4个一级学科；医学门类中新增"口腔医学""中药学"2个一级学科；"图书馆与情报学""管理科学与工程"调整到管理学门类（前文已述）；另有多个学科更名。

2011年版理学门类新增"生态学""统计学"2个一级学科，工学门类新增"城乡规划学""风景园林学""软件工程""生物工程""安全科学与工程""公安技术""网络空间安全"① 7 个一级学科，农学门类新增"草学"1 个一级学科，医学门类新增"特种医学""医学技术""护理学"3 个一级学科。

2022 年版工学门类撤销"风景园林学"1 个一级学科；农学门类新增"水土保持与荒漠化防治学"1 个一级学科；医学门类新增"法医学"1 个一级学科，同时撤销"医学技术"1 个一级学科。

表 5　自然科学学科具体变化情况

门类	1983 年版	1990 年版	1997 年版	2011 年版	2022 年版
理学	数学	数学	数学	数学	数学
	物理学	物理学	物理学	物理学	物理学
	化学	化学	化学	化学	化学
	天文学	天文学	天文学	天文学	天文学
	地理学	地理学	地理学	地理学	地理学
	大气科学（气象学）	大气科学	大气科学	大气科学	大气科学
	海洋学	海洋科学	海洋科学	海洋科学	海洋科学
	地球物理学	地球物理学	地球物理学	地球物理学	地球物理学
	地质学	地质学	地质学	地质学	地质学
	生物学	生物学	生物学	生物学	生物学
	管理科学				
		系统科学	系统科学	系统科学	系统科学
	自然科学史	自然科学史	科学技术史	科学技术史	科学技术史
		图书馆与情报学			
				生态学	生态学
				统计学	统计学

---

① "网络空间安全"为 2018 年新增。

续表5

门类	1983年版	1990年版	1997年版	2011年版	2022年版
工学	力学	力学	力学	力学	力学
	机械设计与制造	机械工程	机械工程	机械工程	机械工程
			光学工程	光学工程	光学工程
	仪器仪表	仪器仪表	仪器科学与技术	仪器科学与技术	仪器科学与技术
	金属材料	材料科学与工程	材料科学与工程	材料科学与工程	材料科学与工程
	非金属材料	—	—	—	—
	冶金	冶金	冶金工程	冶金工程	冶金工程
	动力机械及工程热物理	动力工程及工程热物理	动力工程及工程热物理	动力工程及工程热物理	动力工程及工程热物理
	电工	电工	电气工程	电气工程	电气工程
	电子学与通讯	电子学与通信	电子科学与技术	电子科学与技术	电子科学与技术
			信息与通信工程	信息与通信工程	信息与通信工程
	自动控制	自动控制	控制科学与工程	控制科学与工程	控制科学与工程
	管理工程	管理科学与工程	—		
	计算机科学与技术	计算机科学与技术	计算机科学与技术	计算机科学与技术	计算机科学与技术
	建筑学	建筑学	建筑学	建筑学	建筑学
	土建、水利	土木、水利	土木工程	土木工程	土木工程
			水利工程	水利工程	水利工程
	测绘	测绘	测绘科学与技术	测绘科学与技术	测绘科学与技术

续表5

门类	1983年版	1990年版	1997年版	2011年版	2022年版
工学	化学工程和工业化学	化学工程和工业化学	化学工程与技术	化学工程与技术	化学工程与技术
	地质勘探、矿业、石油	地质勘探、矿业、石油	地质资源与地质工程	地质资源与地质工程	地质资源与地质工程
			矿业工程	矿业工程	矿业工程
			石油与天然气工程	石油与天然气工程	石油与天然气工程
	纺织、轻工	纺织	纺织科学与工程	纺织科学与工程	纺织科学与工程
		轻工	轻工技术与工程	轻工技术与工程	轻工技术与工程
	铁路、公路、水运	铁道、公路、水运	交通运输工程	交通运输工程	交通运输工程
	船舶	船舶与海洋工程	船舶与海洋工程	船舶与海洋工程	船舶与海洋工程
	航空与宇航技术	航空与宇航技术	航空宇航科学与技术	航空宇航科学与技术	航空宇航科学与技术
	兵器科学与技术	兵器科学与技术	兵器科学与技术	兵器科学与技术	兵器科学与技术
	原子能科学与技术	原子能科学与技术	核科学与技术	核科学与技术	核科学与技术
		农业工程	农业工程	农业工程	农业工程
	林业工程	林业工程	林业工程	林业工程	林业工程
	技术科学史	技术科学史	—		
			环境科学与工程	环境科学与工程	环境科学与工程
			生物医学工程	生物医学工程	生物医学工程
			食品科学与工程	食品科学与工程	食品科学与工程

续表 5

门类	1983 年版	1990 年版	1997 年版	2011 年版	2022 年版
工学				城乡规划学	城乡规划学
				风景园林学	—
				软件工程	软件工程
				生物工程	生物工程
				安全科学与工程	安全科学与工程
				公安技术	公安技术
				网络空间安全	网络空间安全
农学	农学	农学	作物学	作物学	作物学
			园艺学	园艺学	园艺学
			农业资源与环境	农业资源与环境	农业资源与环境
			植物保护	植物保护	植物保护
	畜牧	畜牧	畜牧学	畜牧学	畜牧学
	兽医	兽医	兽医学	兽医学	兽医学
	林学	林学	林学	林学	林学
	水产	水产	水产	水产	水产
	农业机械化与电气化	—	—	—	—
				草学	草学
					水土保持与荒漠化防治学
医学	基础医学	基础医学	基础医学	基础医学	基础医学
	临床医学	临床医学	临床医学	临床医学	临床医学
			口腔医学	口腔医学	口腔医学
	公共卫生与预防医学	公共卫生与预防医学	公共卫生与预防医学	公共卫生与预防医学	公共卫生与预防医学
	中医	中医	中医学	中医学	中医学

续表5

门类	1983年版	1990年版	1997年版	2011年版	2022年版
医学	中西医结合	中西医结合	中西医结合	中西医结合	中西医结合
	药学	药学	药学	药学	药学
			中药学	中药学	中药学
				特种医学	特种医学
				医学技术	—
				护理学	护理学
					法医学

说明：黑体表示新增或更名。

四、交叉学科变化情况

2020年设立交叉学科门类（见表6），同时设立2个一级学科；2022年版新增4个一级学科，同时，"设计学"由艺术学门类调整到交叉学科门类。

表6 交叉学科具体变化情况

门类	1983年版	1990年版	1997年版	2020年修订版	2022年版
交叉学科				集成电路科学与工程	集成电路科学与工程
				国家安全学	国家安全学
					设计学
					遥感科学与技术
					智能科学与技术
					纳米科学与工程
					区域国别学

五、学科目录变化情况分析

学科目录调整工作体现的是国家意志，旨在引导高校学科建设与人才培养工作，进一步提升高校服务经济社会发展能力。学科目录变化调整工作坚持问题导向、目标导向、效果导向，坚持学科专业宜宽不宜窄的总要求。总体来看，学科目录变化调整思路坚持了服务需求、分类发展、稳中求进、面向未来的原则。

服务需求。主动适应知识分化融合、科学技术进步及经济社会新发展阶段的人才需求，推动学科专业与创新链、产业链、人才链相互融合相互促进，布局符合国家重大需求的学科专业，注重对既有学科名称及内涵的更新完善，调整合并或退出部分学科专业，增强学科专业对高质量发展需求的适应力、支撑力和引领力。

分类发展。统筹考虑学术型人才与应用型人才，明确两种类型人才培养定位，合理确定两类人才培养口径，加强应用型专业学位布局，调整具有应用型导向的学术学位为专业学位，推动完善多元化发展的学科专业体系。

稳中求进。遵循学科专业发展规律、人才成长规律、教育教学规律，深入论证各方学科专业设置需求，新增学科专业应能够落实到规模化规范化育人的实践中去。学科目录调整采取自上而下、自下而上相结合的方式，广泛征求意见，形成共识后修订目录。

面向未来。以有利于人才培养为核心，以科学技术发展前沿和国际科学发展趋势为参考，立足国家发展新阶段，科学开展学科目录调整工作，既充分考虑国家当前的人才需求，也着眼于未来，前瞻性布局学科专业，支持布局交叉学科门类发展。

参考文献：

季芳芳. 我国研究生学科专业目录建设的回顾和分析［J］. 统计与管理，2012（6）：163-164.

王战军，张微. 新中国成立 70 年来我国高校学科结构调整［J］. 中国高教研究，2019（12）：36-40.

易金生. 关于中国学科专业分类调整的思考［J］. 高教发展与评估，2015（6）：68-73.

新工科建设背景下学科建设与教研活动融合的探索研究

文宇峰[1]　李娟[1]　刘文红[1]　杨婕[2]　吴雨珊[1]

（1 四川大学发展规划处　四川成都　610065；
2 四川大学电气工程学院　四川成都　610065）

摘　要：本文主要研究四川大学在新工科建设背景下学科建设与教研活动互相融合、互相促进的典型案例和做法。通过分析学科建设与教研活动融合发展的必要性和可行性，提出一系列学科建设与教研活动融合的思路、理论和教学实践方法。相关学院在实践中建成了新工科高水平创新实践新平台和高质量的一流课程新体系，进而在学校开创了工科高标准人才培养的新局面，为新工科人才培养起到了积极的示范作用。

关键词：新工科建设；学科建设；教研活动

一、引言

高校学科建设就是让围绕某个知识体系建立的学科组织在知识生产上的能力不断增强，能够培养高层次的人才，产出高水平的学术成果，提供高质量的专业课程。高校的学科建设水平综合体现在学科方向、人才队伍、科学研究、人才培养、学术交流、学科声誉、社会服务等建设水平上。

我国的学科目录分为文理工医等多个学科门类，其中，工科门类是诸多学科门类中的重要一支，它不仅包含了最多的一级学科数目，而且同国家的国民经济、科技发展、日常生活息息相关。世界范围内新一轮的科技革命以及新经济的蓬勃发展，使工程科技进步和创新成为发展的重要引擎。这对工程教育提出了新的挑战，新工科建设的提出正是对这一挑战的积极回应。

新工科建设不仅仅是一个口号，相关学科要紧紧围绕新工科建设，突出有内涵、有质量、有特色、有水平的学科建设，全面提升师资队伍、人才培养、科学研究、社会服务等方面的综合能力。特别是基层教学活动要与新工科建设深度融合，通过对高校基层教学组织活动的创新，充分发挥学科带头人的人才培养引领作用，推动基层教学组织与新工科建设的互联互通，夯实人才培养对新工科建设的导向作用，强化学科的人才培养功能。

二、研究思路

要探索新工科建设背景下学科建设与教学活动的融合，就需要探讨新工科建设背景下，工科学院基层教学组织教学活动与学科建设活动互联互通的必要性与可行性，提出两者有机结合、互联互通的实现路径与策略。

（一）学科建设与教学活动融合发展的必要性

学科与专业的联系需要学科的人才培养功能以专业为媒介来实现；学科与课程的联系在于学科知识是构成课程的元素，课程不仅是对学科知识的传播、改造和拓展，往往也是新兴学科的生长起源。因此，学科建设与教学活动融合发展是十分必要的。

（二）学科建设与教研活动融合发展的可行性

学科建设与教研活动能够实现两者在形式、内容和目标上深度融合，在适当的平台支持下，通过设立合理的建设目标，确立正确的教学内容。因此，学科建设与教学活动融合发展是完全可行的。

(三)两者融合发展的具体思路

学科建设活动和基层教学活动要做到有效契合。一是积极创造条件,围绕学科建设设置和调整基层教学组织。二是围绕学科和科研团队建设开展专题基层教学活动。三是以新工科建设为契机,跨学科组织联合课程,升级改造课程实验。四是在新工科建设背景下,通过基层教学组织联合活动,设立多学科交叉研究实验中心,促进不同学科方向的交叉融合。五是建设各学院的品牌活动,如学院定期开展论坛。六是学科办深入深造率低的学院本科生,开展学科知识普及,让学生深入了解学科体系、深入了解自己所学学科的基础和前景,促进深造率提升。七是教学骨干队伍与学科骨干队伍共建。八是优化考核机制,在学科建设考核过程中,不仅要看科研水平,还要看育人效果,要从"三全育人"的角度,建立科学合理的学科建设成效评价机制,以评促改,持续改进。

(四)新工科人才培养的特色做法

新工科建设是指结合智能制造、云计算、人工智能、机器人等最新信息化、智能化技术,升级改造传统工科专业。

新工科的人才培养离不开功能完善的实践创新平台和工程实践基地,因此仅靠学校建设效果欠佳,要引入社会各界优势力量,投入优质资源。

三、基层教学实践

根据上述研究思路,学校多个工科学院通过自建、联建等方式,建成多样化实践创新硬平台,包括课程配套实验室、多学科交叉研究实验中心、工程实践基地实验实践平台、海外实践交流通道。

多样化的实验室在发挥各自功能的同时,功能相互有序衔接,有机构成了人才培养的硬件支柱。同时,平台的功能也呈现多层次有序衔接的特征。课程配套实验室不仅可以完成课程实验功能，也可以满足承载科创竞赛的扩展应用需求。多学科交叉实验中心主要支撑科学研究功能，同时发挥科研反哺机制，合理衔接了本科人才创新能力培养。多样化、多层次的实践创新硬平台，全方位满足了新工科人才实践创新能力的培养需求。

（一）改造升级课程配套实验室

通过淘汰原理验证性实验，引入开放性、综合性实验，建成一批课程配套实验室。以电气工程学院为例，一是结合"电路原理""数字电子技术基础"等课程，引入灵活开放的实验装备，建设了 ADS 口袋实验室、FPGA 逻辑设计小脚丫口袋实验室，学生可以借出便携实验室进行扩展实验，有兴趣的学生可以自行设计完成开放性实验；二是结合"继电保护原理"课程，将继电保护设备水平处于国际领先地位的南京南瑞继保电气公司应用于工程现场的最新型号的技术装备引进来，建成国内高校领先的继电保护实验室，该实验室采用智能变电站保护设备，具有典型的信息技术融合电气工程的新工科特征。

空天科学与工程学院则通过设置通识课程模块＋特色课程的模式，加强基础能力的培养与特色能力的有机结合。一是设置基础能力模块，包括航空航天工程基础与力学等；二是设置专业方向模块，包括飞行器设计和航空宇航推进与动力等；三是设置特色课程，包括机器人卫星特色课程、新概念飞行器特色课程等。

（二）建设多学科交叉研究实验中心

发挥科研实验室兼本科生课程实验室功能，采用自建、企业捐建、与企业联建等方式，建成一批多学科交叉实验研究中心。一是以四川大学工业互联网研究中心建设为主要依托，电气工程学科的主要研究方向为信息领域泛在物联网技术与电力能源网交叉融合领域，机械工程学科的主要研究方向为智能制造工业互联网。二是通过与地方行业龙头企业建立战略合作关系，共同建设交叉研究中心，例如学校与国网四川省电力公司共建四川大学—国网四川省电力公司能源互联网联合研究中心，研究方向聚焦在以互联网思维驱动电网公司转型过程中的重大理论和技术问题。三是与国际企业建立协同科研合作关系，例如电气工程学院与罗克韦尔自动化公司合作，由罗克韦尔公司捐建设备，建成四川大学—罗克韦尔智能制造协同创新中心，聚焦智能化与制造交叉领域，以机械臂智能控制为载体联合科研创新。依托创新中心成功申请教育部产学合作协同育人项目"PlantPAX 系统构架下的工业以太网应用型人才培养"等产学研项目 10 项。四是与企业技术研究中心合作建立人才培养合作关系，例如与国家电网南瑞科技股份有限公司总部研发中心合作，定期选派大四学生赴该研发中心参与实际创新研发工作。

（三）建立工程实践基地

充分利用企业的生产、运维场景，与企业合作建设工程实践基地。将学生送到工程现场，让其面对大型生产设备、复杂工程问题。与国家电网四川综合能源服务有限公司、四川电力青峰岭教学实习实训电厂、川开实业集团、南京南瑞继保电气有限公司、国家电网四川省电力公司超高压分公司等签署了战略合作框架协议，联建了一批实训实习基地，通过定期开展实训，有效提升了学生的动手实践能力。

（四）建立海外实践交流通道

与国外知名大学及机构建立合作关系，创造机会到世界一流大学及机构学习、访问、交流，从"请进来交流""走出去体验""送出去培养"三个层面，培养学生的国际化能力，提升人才培养质量。一是开展国际课程周和国际交流营活动。邀请能源电气专业领域知名外国专家来华交流授课。二是设立海外交流访学项目，依托四川大学"大川视界"海外访学项目和学院设立的日本早稻田大学、英国诺丁汉大学等海外访学项目累计选派出 200 余名学生访学体验。三是建立本科生海外实习实践基地,如丹麦技术大学实习基地、德国克劳斯塔尔工业大学实习基地等,定期选派学生赴外实习,开阔视野。

四、总结

学校通过在多个工科学院推行新工科建设与教研活动的探索实践,在人才培养方面取得了一系列丰硕成果。

(一)建成高水平创新实践新平台,充分发挥支撑作用,产出成果丰硕

采用"产学研贯通协同育人"方式,产学研资源共享,科研合作共赢,成果丰硕。新工科人才培养硬件条件明显升级,高水平实践创新工作机制逐步建立。建成了多个高水平创新实践的新平台,为全面提高学科人才培养质量奠定了广泛的基础。

(二)催生高质量一流课程新体系,落实"两性一度"要求,教学卓有成效

实践创新平台为课程改革提供了有效抓手,以高阶性、创新性、挑战度为内涵的课程改革围绕实践创新能力核心,从课后作业、课程实验、课程设计等环节全面更新升级,充分发挥建成平台作用,淘汰验证性、知识性、观摩性实验,将教学课堂从教室有效扩展到实验室、工程现场,将教师队伍从学校扩展到行业专家,课程含金量明显提升。

(三)开创高标准人才培养新局面,提升学生能力素质,育人效果显著

围绕培养适应科技革命与产业变革的新工科人才目标,瞄准科技前沿发挥实践创新平台优势,在基层单位开展项目制创新训练,设立创新类研究项目,配备项目导师,探索创新能力培养途径,经过系统训练,学生综合素质和实践创新能力全面提升,人才培养成效显著。

高校布局人工智能的现状和发展思路浅析

刘文红　秦富军

（四川大学发展规划处　四川成都　610065）

摘　要：物联网、云计算、大数据和人工智能等新一代信息技术快速发展，与产业发展深度融合，催生了全新的应用场景。但在大部分领域，国内人工智能仍处在追赶和模仿阶段，在某些关键领域与国际水平仍有一定差距。随着人工智能技术在智能交通、智能医疗、智慧农业、智慧家具等领域逐步渗透应用，当前人工智能的产业化已经取得了显著成效，人工智能领域的体制机制、创新技术、高水平人才需求也与日俱增。本文调研了国内重点高校人工智能相关院系专业设置情况以及国内需求和战略布局，分析高校布局人工智能的现状和发展思路。

关键词：交叉学科；人工智能；"双一流"；学科布局

习近平总书记在2021年两院院士大会和中国科协第十次全国代表大会上强调，科技攻关要坚持问题导向，奔着最紧急、最紧迫的问题去。要从国家急迫需要和长远需求出发，在石油天然气、基础原材料、高端芯片、工业软件、农作物种子、科学试验用仪器设备、化学制剂等方面关键核心技术上全力攻坚，加快突破一批药品、医疗器械、医用设备、疫苗等领域关键核心技术。

要在事关发展全局和国家安全的基础核心领域，瞄准人工智能、量子信息、集成电路、先进制造、生命健康、脑科学、生物育种、空天科技、深地深海等前沿领域，前瞻部署一批战略性、储备性技术研发项目，瞄准未来科技和产业发展的制高点。

一、高校布局人工智能的必要性

2017年7月，国务院发布《新一代人工智能发展规划》，开始从整体上部署我国的人工智能发展规划，并提出了面向2030年我国新一代人工智能发展的指导思想、战略目标、重点任务和保障措施。规划提出，要建设人工智能学科，完善人工智能领域学科布局，设立人工智能专业，推动人工智能领域一级学科建设，尽快在试点院校建立人工智能学院，增加人工智能相关学科方向的博士、硕士招生名额。鼓励高校在原有基础上拓展人工智能专业教育内容，形成"人工智能＋X"复合专业培养新模式，重视人工智能与数学、计算机科学、物理学、生物学、心理学、社会学、法学等学科专业教育的交叉融合。加强产学研合作，鼓励高校、科研院所与企业等机构合作开展人工智能学科建设。之后，一系列人工智能相关的文件政策陆续出台。2017年7月以来出台的人工智能相关文件如表1所示。

表1 2017年7月以来出台的人工智能相关文件

时间	发布单位	文件名称
2017年12月	工信部	促进新一代人工智能产业发展三年行动计划（2018—2020年）
2018年3月	国务院	政府工作报告
2018年4月	教育部	高等学校人工智能创新行动计划
2019年3月	中央深改委	关于促进人工智能和实体经济深度融合的指导意见

续表1

时间	发布单位	文件名称
2019年8月	科技部	国家新一代人工智能创新发展实验区建设工作指引
2020年3月	教育部	关于公布2019年度普通高等学校本科专业备案和审批结果的通知
2020年3月	教育部、国家发改委、财政部	关于"双一流"建设高校促进学科融合加快人工智能领域研究生培养的若干意见
2020年6月	全国人大常委会办公厅	全国人大常委会2020年度立法工作计划
2020年7月	国家标准化管理委员会、中央网信办、国家发改委、科技部、工信部	国家新一代人工智能标准体系建设指南
2021年6月	十三届全国人大常委会	中华人民共和国数据安全法
2021年7月	科技部	新型数据中心发展三年行动计划（2021—2023）
2021年9月	教育部	关于实施第二经人工智能助推教师队伍建设行动试点工作的通知
2022年7月	科技部、教育部、工信部等	关于加快场景创新以人工智能高水平应用促进经济高质量发展的指导意见
2022年8月	科技部	关于支持建设新一代人工智能示范应用场景的通知

信息学科是研究信息的获取、处理、传递和应用的规律性的一门新兴学科（罗欣伟，赵天翊，雷家骕，2021），由信息论、控制论、计算机理论、人工智能理论和系统论相互渗透、相互结合。信息学科是人工智能、工业互联网等新兴技术领域的基础，

是工业革命4.0的催化剂。联合国计划开发署提出，工业革命4.0时代的主要特征是人工智能、物联网、3D打印和机器人等技术与生产领域的融合实现物理、数字和生物领域的融合，第四次工业革命将物理、数字和生物领域融合在一起，表现在机器人、物联网、人工智能、3D打印和机器人软件自动化等方面。德国学术界和产业界指出，"工业4.0"概念即是以智能制造为主导的第四次工业革命或革命性的生产方法，工业互联网将我们带到了第四次工业革命的"门口"（罗一斌，梁贵红，罗汝珍，2018）。

二、部分高校人工智能相关院系方向设置情况

近年来，随着经济社会发展对智能化的需求不断增加，学术界的研究不断深入，我国的人工智能理论、技术与应用水平不断提高。智能技术作为引领未来的战略性技术和推动产业变革的核心驱动力，是经济发展的新引擎、社会进步的加速器，已成为全球战略必争的科技制高点。国内许多高校陆续设立了人工智能交叉学科，开设人工智能本科专业，成立专门的人工智能学院或研究院。

（一）国内重点高校人工智能相关院系建设情况

本文重点对国内36所"双一流"重点建设高校以及西安电子科技大学、中国科学院大学共38所高校进行了人工智能相关院系建设情况、人才培养情况进行了调研。调研发现：（1）设有人工智能学院的高校14所；（2）设有人工智能研究院或中心的高校11所（不含已设学院的高校）；（3）另外13所高校未用"人工智能"直接命名或设立实体机构，但从事人工智能研究和人才培养。

具体情况如表2、表3、表4所示。

表2 设有人工智能学院的高校情况

序号	学校	学院名称	人才培养
1	中国科学院大学	人工智能学院	硕、博
2	中国人民大学	高瓴人工智能学院	本、硕、博
3	南开大学	人工智能学院	本、硕、博
4	天津大学	人工智能学院	本、硕、博
5	大连理工大学	人工智能学院	硕、博
6	吉林大学	人工智能学院	本、硕、博
7	南京大学	人工智能学院	本、硕、博
8	东南大学	人工智能学院	本、硕、博
9	华中科技大学	人工智能与自动化学院	本、硕、博
10	中山大学	人工智能学院、智能工程学院	智能工程学院培养本、硕、博
11	四川大学	智能科学与技术学院、智能交叉技术研究中心	学院培养本、硕、博，中心培养硕、博
12	西安电子科技大学	人工智能学院	本、硕、博
13	西安交通大学	人工智能学院	本、硕、博
14	北京师范大学	人工智能学院	本、硕、博

表3 设有人工智能研究院或中心的高校情况

序号	学校	学院名称	人才培养
1	清华大学	人工智能研究院	本、硕、博
2	北京大学	人工智能研究院	本、硕、博
3	北京航空航天大学	人工智能研究院	本、硕、博
4	哈尔滨工业大学	人工智能研究院	本、硕、博

续表3

序号	学校	学院名称	人才培养
5	同济大学	人工智能研究院	
6	上海交通大学	人工智能研究院	博
7	华东师范大学	"智能+"研究院	
8	武汉大学	人工智能研究院	本、硕、博
9	电子科技大学	人工智能研究院	
10	中国海洋大学	人工智能研究院	
11	中央民族大学	人工智能研究中心	

表4 未用"人工智能"直接命名或设立实体机构的高校情况

序号	学校	学院名称	学院简介摘要	人才培养
1	北京理工大学	无实体	有北京理工大学智能机器人与系统高精尖创新中心。	
2	复旦大学	无实体	有大数据学院、类脑智能科学与技术研究生院。	大数据学院本、硕、博，类脑研究院硕、博
3	厦门大学	无实体	有人工智能系。	本、硕、博
4	山东大学	无实体	有人工智能专业，在计算机学院。	
5	浙江大学	无实体	有人工智能研究所，属于计算机科学与技术学院。	本、硕、博
6	中国科学技术大学	无实体	有大数据学院。	本、硕、博
7	中南大学	无实体	有人工智能与机器人实验室。	

续表4

序号	学校	学院名称	学院简介摘要	人才培养
8	华南理工大学	无实体	在计算机学院有人工智能研究中心和人工智能科研团队。	
9	西北工业大学	无实体	人工智能相关人才培养在计算机学院。	
10	重庆大学	无实体	有大数据与软件学院。	
11	兰州大学	无实体	成立文交奇誉人工智能实验室。	
12	国防科技大学	无实体	有智能科学学院。	本、硕、博
13	中国农业大学	无实体	2020年获批人工智能专业。	本

由表2、表3、表4可见，调研的38所国内重点高校都开办了人工智能相关学院、系所，或从事人工智能相关研究和人才培养。

（二）示范性软件学院、人工智能本科专业等建设情况

早在2001年，教育部就公布了首批35所试办示范性软件学院的高等学校，随后又新增了2所参照示范性标准办学的高校。2019年，教育部又发布《教育部关于公布2018年度普通高等学校本科专业备案和审批结果的通知》，全国有35所高校获首批人工智能新专业建设资格，其他与人工智能行业发展密切相关的还有101所高校新增机器人工程专业、96所高校新设智能科学与技术专业、50所高校新增智能制造工程专业。之后，在2019、2020年教育部公布的高校新增本科专业名单中，新增备案专业数量最多的专业也是人工智能专业。中国科教评价网（www.nseac.com）统计显示，截至2022年底，国内共有411所高校开设了人工智能本科专业。

2021年12月6日,教育部公示了首批特色化示范性软件学院名单,并于2022年1月5日正式发布,33所高校获批建设国家首批特色化示范性软件学院。

从近年来各高校在人工智能领域的专业建设、科学研究和人才培养实践来看,人工智能的学科体系正在逐步成熟和完善,并且已逐渐发展成为与计算机科学并重的独立学科,许多著名高校都已经构建了完善的人工智能领域的人才培养体系和学科建设机制。

总体来说,人工智能作为引领未来的战略性技术和推动产业变革的核心驱动力,是经济发展的新引擎、社会进步的加速器,已成为全球战略必争的科技制高点。从高校的发展角度,教育部2018年印发的《高等学校人工智能创新行动计划》提出,要支持高校在计算机科学与技术学科设置人工智能学科方向,完善人工智能的学科体系,推动人工智能领域一级学科建设。毋庸置疑,人工智能已经超出信息科学本身的研究边界,人工智能学科将赋能传统学科转型升级、加速不同学科间的交叉融合,已成为文理工医各学科门类探索交叉融合的焦点、各学科协同创新的关键,甚至成为新的学科增长点衍生的摇篮。因此,国内外高校均已纷纷布局人工智能学科,开展全链条的人才培养和科学研究,且纷纷设置新机构,赋予其交叉研究载体的身份,带动全校学科交叉融合协同创新。

三、高校布局人工智能的发展思路

习近平总书记在2019年中共中央政治局就人工智能发展现状和趋势举行的第九次集体学习会上强调,人工智能是引领这一轮科技革命和产业变革的战略性技术,具有溢出带动性很强的"头雁"效应。随着人工智能技术在智能交通、智能医疗、智慧农业、智慧家具等领域逐步渗透应用,当前人工智能的产业化已经取得了显著成效，人工智能人才培养与科学研究领域的体制机制革新、技术创新、高水平人才需求也与日俱增。高校布局人工智能是一项复杂的系统性工程，对高等教育的资源统筹性、学科协调性、人才培养精密性都提出了更高要求。

（一）体制机制创新是推陈出新的根本保障

人工智能学科的渗透性很强，有广泛的应用场景，可以和文理工医许多学科开展交叉研究。2022年9月13日，国务院学位委员会、教育部印发了经国务院学位委员会第三十七次会议审议通过的《研究生教育学科专业目录（2022年）》，在交叉学科门类（门类代码14）下新增"智能科学与技术"（学科代码1405）一级学科，进一步明确了该学科是多学科之间相互交叉、融合、渗透而出现的新兴学科。基于这个属性，高校建设人工智能学科，要跳出传统学科，坚持面向国家重大战略需求和新兴科学前沿交叉领域，促进多学科对综合性复杂问题的协同攻关，凝练学科方向、汇聚学术队伍、搭建创新平台、争取重大成果、培养拔尖人才、加强合作交流、完善支撑条件，寻求交叉学科建设的规律和特性，构建有层次、有梯度的跨学科重大创新规划平台体系，努力形成新的学科增长点和新的研究范式。

（二）研究水平的提高是交叉技术迭新的关键

高校开展科学研究的主体是科研人员。当前，各科研人员还归属在原一级学科研究领域，从事交叉研究的意识和力量还不足。一方面，高校要致力于激发科研人员打破现有学科范围，充分鼓励和发掘科研人员发散思维、谋求不同角度和学科领域之间的交叉研究，拓宽学科领域，改变研究内容、方法、对象，实现科技创新，产生新的交叉领先学科增长点。另一方面，高校的评价体系也十分重要。教育部、财政部、国家发展改革委联合印发的《"双一流"建设成效评价办法（试行）》等文件的出台，都在明确地反映国家正在进行教育评价改革，坚决破除"五唯"顽瘴痼疾，树立正确的评价导向。交叉研究的领域新、创新性强、成果周期长，更不应被"五唯"限制，甚至不被当前单一学科的评价模式限制，给予科研人员足够的发挥空间和积累时间，才能推陈出新，产生新的增长点。

（三）专业化人才培养是满足市场需求的根本保障

解决重大科学、工程、技术问题，迫切需要开展高水平的交叉研究，人工智能领域高层次人才的社会需求也日益剧增。而当前，人工智能领域的本源是计算机学科，而计算机学科本身是一个宽口径的培养模式，涉及很多专业方向，而人工智能高层次人才还需要专业全面的人工智能知识和很强的分析建模能力，原来计算机学科所培养的人才已不能满足人工智能专业人才的迫切需要。

在第二轮"双一流"建设全面实施的背景下，推动学科深度交叉融合、培育新的交叉学科增长点的思想正贯穿高等教育的各层面。人工智能交叉学科的设立、专业的开设、人工智能学院或研究院的设立都将推动更深入、更全面的人工智能研究，为人工智能领域培养输送更专业的人才。

强大的工业体系和工业能力是推动我国开展自主创新、使我国迈入社会主义现代化工业强国的重要基础，绝大多数国外技术封锁、"卡脖子"关键问题需要工科来解决。人工智能是新工科建设的必然产物，是当今社会的朝阳产业，国内高校应抢抓机遇，及时调整学科布局，开展人工智能及相关领域的科学研究和高层次人才培养，以适应我国人工智能产业发展的需要。

参考文献：

罗欣伟，赵天翊，雷家骕. 新一代信息技术产业创新能力研究［J］. 中国电子科学研究院学报，2021，16（5）：459-467.

罗一斌，梁贵红，罗汝珍. 浅析"中国制造2025"的战略意义［J］. 梧州学院学报，2018，28（3）：111-115.

多维度协同融合的专业学位研究生培养模式的探索与实践*

刘 丹

(四川大学高分子科学与工程学院 四川成都 610065)

摘 要：专业学位研究生的培养存在学校培养与社会需求脱节的问题，随着国家产业的发展，专业学位研究生人才培养模式改革势在必行。本文以四川大学高分子科学与工程学院为例，介绍了学院以国家重点需求为导向，联合招生模式构建、校企导师组共建、研究生培养体系共建和产教融合联合培养基地共建4个维度协同融合，构建以产业需求为导向的高层次应用型专门人才培养模式。

关键词：产教融合；协同融合；专业学位；联合培养；校企联合

2020年7月，习近平总书记就研究生教育工作做出重要指示，指出国家发展需要培养造就大批德才兼备的高层次人才。李克强总理做出批示，指出研究生教育要深化培养模式改革，促进产教融合。2020年7月29日首次全国研究生教育会议召开，国务院副总理孙春兰指出，研究生教育要注重分类培养，针对不同学位类型完善教育评价体系。随着国家产业的快速发展，国家对

---

* 本文获四川大学研究生教育教学改革研究项目资助，项目名称：以"全过程管理"为核心 构建研究生培养质量保障体系，项目编号：GSSCU2021119。

高素质专业型工程技术领军人才的培养质量提出了更高的要求。不同于传统学术学位研究生，专业学位研究生的培养应该提升内涵，走特色化、专业化、应用型之路（魏红梅，2016）。

然而，专业学位研究生的培养受到传统学术型研究生培养管理固有模式的影响，培养特色不够鲜明，专业学位研究生培养的市场认知度和认同度不足（魏红梅，2016），高校人才培养质量与企业需求之间相互脱节（姚志友，董维春，2019），政府、企业与高校各自为政，呈现出碎片化的培养格局（姚志友，董维春，2019）等问题。因此，推动专业学位研究生培养改革是非常迫切且必要的。

本文结合四川大学高分子科学与工程学院的专业学位研究生培养情况，探索联合招生模式构建、校企导师组共建、研究生培养体系共建和产教融合联合培养基地共建 4 个维度协同融合，解决专业学位研究生培养与社会需求脱节的问题，建立以产业需求为导向的高层次应用型专门人才培养模式，推动我院专业学位研究生高质量发展。

一、学院专业学位研究生培养规模现状

高分子科学与工程学院 2020 年获批材料与化工类别工程博士专业学位授权点，自此形成具有材料与化工专业硕、博士学位授予权的培养局面。材料与化工类别专业学位研究生录取主要面向材料工程领域和新材料领域。

经过近几年的努力，学院专业学位研究生培养规模不断增长。图 1 是近五年我院专业学位硕/博士研究生的人数规模。如图 1 所示，我院专业学位研究生人数不断增长，特别是自 2020 级招收材料与化工专业学位博士研究生以来，到 2022 级专业学位博士研究生招生人数已经翻倍，达到 57 人。

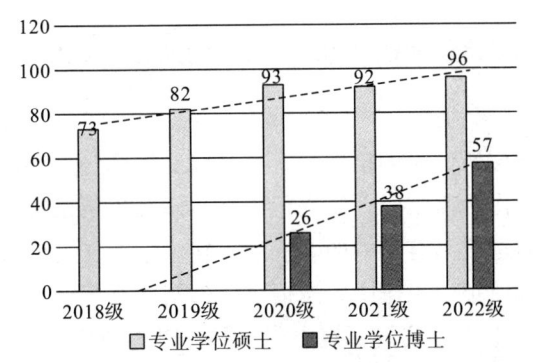

图1 近五年我院专业学位硕/博士研究生的人数统计图

图2是近五年我院专业学位硕/博士研究生占全院硕/博士研究生招生总数的比例。如图2所示，专业学位硕士的人数占全院硕士研究生招生总数的比例从2018级的31.88%增长到2022级的40%，专业学位博士的人数占全院博士研究生招生总数的比例从2020级的23.42%增长到2022级的40.70%。不难看出，专业学位研究生的培养已经成为我院研究生培养的一个重要组成部分。

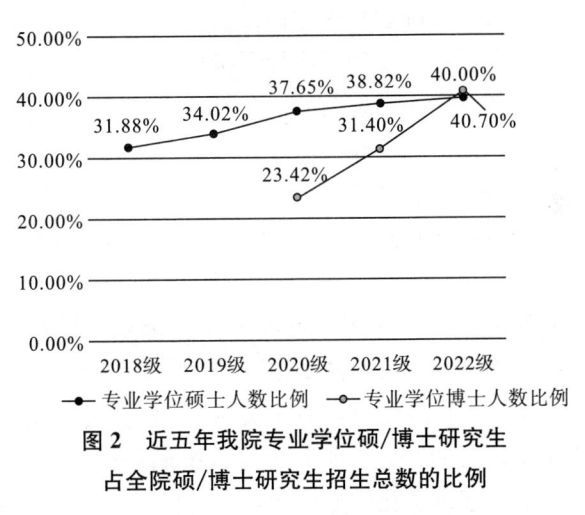

图2 近五年我院专业学位硕/博士研究生占全院硕/博士研究生招生总数的比例

二、多维度协同融合的培养模式的探索与实践

（一）协同构建联合招生模式

专业学位研究生的招生一直都是以高校作为主导，缺乏企业参与。企业作为需求者，应当积极参与研究生招录过程，以企业需求为导向选拔出有潜力的专业型人才。学院在近几次的专业学位研究生专项招生工作中，邀请企业参与面试工作，成立由校企双方专家组建的考核组。双方专家提前沟通考核内容及选拔标准，通过对研究生学术志趣、基本素养、应用能力、培养潜力等方面进行综合考核评估，选拔出了校企双方都认可的研究生。校企联合选拔模式可以逐步推广到所有专业学位研究生招生选拔中。

（二）协同共建校企导师组

学院采取校企导师组指导制度，高水平导师组是专业学位研究生培养质量的有效保障。学院制定了《高分子科学与工程学院专业学位研究生产业导师选聘与管理办法》，对产业导师的政治素养、专业背景、导师职责等方面提出要求，聘请具有一线行业实践经验的行业领军人才和行业骨干担任企业导师。坚持实行企业导师动态调整，采用聘期制度，对不适宜指导专业学位研究生的导师，学院可以解聘其导师职务。学院选拔具有扎实的工程理论基础、较高的工程技术水平及丰富的企业实践经验的校内导师，积极鼓励校内导师到企业挂职锻炼。学院重视导师的岗前培训，注重提高校企导师的协同育人意识。学院和企业双方协商成立联合培养研究生工作小组，全面督促校企双方导师的有效合作。校企导师组共同参与专业学位研究生的培养全过程，包括培养课程建设，培养计划制订，专业实践，工程技术问题研究，毕业设计或学位论文的开题、研究进展、中期考核、论文撰写等。校企导师组建立起常态化沟通机制，保持畅通的联络沟通，定期

解决联合培养过程中的重要问题，切实提高培养质量。

（三）协同共建研究生培养体系

校企双方共同参与专业学位研究生培养目标定位、课程体系建设、学位论文评价标准制定，共建联合培养体系，实现高校人才培养和企业培养需求的高度融合。

1. 协同确定培养目标

根据企业发展需求，学院邀请校内专家、企业专家、教指委委员联合确定专业学位研究生培养目标，以目标指引专业学位研究生培养过程。材料与化工材料工程领域研究生培养要求，应紧密结合我国经济社会和科技发展的重大前沿需求和"卡脖子"技术，坚持从材料工程领域遇到的重要实际问题出发，培养能够服务国家重大需求、解决复杂工程技术问题、进行工程技术创新、组织工程技术联合研究开发的高端技术人才。

2. 协同建设课程体系

课程学习是研究生顺利从事工程技术创新的前提，让学生在课程学习阶段提前了解行业前沿动态与技术创新趋势，可以提高学生的实践创新意识（林忠钦，王亚光，李智等，2022）。校企双方结合材料工程领域研究生培养目标，按照基础理论课程、专业技能课程、实践课程和综合素质课程四大模块，探索构建面向企业需求的个性化研究生课程体系。学院重点推动实践案例课程、学科交叉课程及前沿讲座课程的建设，通过强化专业基础理论、优化专业技能、突出实践训练，加强多种形式的教学方式改革，体现专业学位研究生课程体系的先进性、工程性和交叉性。

第一，课程思政建设。学院依托学校毗邻的一批国家核心单位，将科学家精神和优质研究资源融入教学全过程，引导学生树立个人理想与国家需要结合的大局意识，培养学生具备服务国家战略需要的意识和能力，激发学生科技报国的家国情怀。

第二，实践课程建设。学院邀请材料工程领域的企业导师与校内有工程实践背景的导师一起参与实践课程教学。学院增设"材料工程实践""化学工程实践"两门实践课程，邀请贵州轮胎股份有限公司、江苏奇一科技有限公司企业专家到学校进行授课，将材料工程实践与教学过程紧密结合。

第三，专业技能课程案例化建设。将材料工程领域案例融入课程教学，体现出课程的专业前沿性和实践性。经过近几年的努力，学院已经完成包括"材料加工""材料制备及原理"等专业核心课程在内的17门专业技能课程案例化建设，案例教学比例达到60%。

第四，专业基础课程和学科交叉课程建设。学院开设"工程伦理""学术规范与研究生论文写作指导"等基础理论课程，培养学生的伦理意识和责任感，规范学生的学术活动行为。学院针对国防军工、航空航天、生物医用等新兴交叉方向增设了"高性能聚合物及复合材料""芳杂环高分子材料结构与性能""生物医学工程前沿""生物材料设计与评价"等多门学科交叉课程和前沿课程。授课教师采用专题研讨、小组汇报、小班探究、非标答案考核等多种教学方式，积极推进"问题驱动—研究生主导—教师指导"的教学方式改革。

第五，规范专业实践训练。学院将专业实践纳入专业学位研究生培养方案，专业实践是研究生培养的必修环节。实践项目可以是校企联合申报立项的重大工程技术项目、企业急需解决的工程技术难题或企业在研的重大科研项目。校企双方导师共同就材料工程领域工程技术研发任务，紧密结合企业的工程实际，确定实践的具体内容和工作计划，指导研究生完成专业实践。研究生至少完成不少于半年的专业实践，并撰写专业实践报告，由校企双方导师给出评价，实践企业给出评价意见。学院重点审核学生专业实践完成情况，研究生实践合格后才能申请毕业答辩。

3. 协同制定学位论文评价标准

学位论文是衡量研究生培养质量的重要依据，对研究生的培养过程起着导向性的作用。学院充分发挥校企双方导师的集体智慧，协同制定区别于学术学位论文评价标准的专业学位论文评价标准，更强调对学生解决工程实际问题的效果进行评价。论文形式可以是毕业设计或学位论文。毕业设计或学位论文的答辩由学校和企业联合组织专家开展，答辩委员会中要求有半数以上企业专家参与。毕业设计或学位论文有一套独立的授位标准，而非简单以发表学术论文作为研究生毕业及授位的前置条件，学术成果包括学术论文、专利、工程技术研究、重大工程设计、新材料研发或新产品开发、行业标准制定等。

（四）协同共建产教融合联合培养基地

优质联合培养基地是提升专业学位研究生实践创新能力的重要保障。学院建立校内学科交叉实践平台和校外联合培养实践基地，给专业学位研究生提供丰富的专业实践场所。

1. 注重学科交叉融合，建设高水平校内联合实践平台

学院依托高分子材料工程国家重点实验室、材料科学与工程国家教学示范中心、高分子材料与工程专业实验室等科研平台，在"双一流"建设体制机制改革创新部分专门设置"学科交叉的新工科建设机制改革创新"任务，设立专项经费，实施学科内跨不同材料类的交叉融合研究平台建设工程，以此营造有利于学科交叉融合的浓厚氛围，有力推进材料工程领域与其他相关学科领域的交叉融合，构建高水平的科教融合研究平台，保障专业学位研究生科研训练需求。

2. 共建校外联合培养实践基地

学院已经与多家国家重大需求领域的龙头企业展开实质性合作，围绕不同领域开展技术攻坚合作，在项目实践中联合培养高层次人才，促进科研成果转化。学院已经为材料工程领域龙头企

业、"卡脖子"领域的企业培养输送了骨干人才。

在现有的项目合作基础上，学院将依托西部地区资源，联合重大需求领域的龙头企业，发挥校企双方科研优势，采用"共同招生、联合培养、共享成果"的校企合作联动创新模式，进一步规范并扩大联合培养基地建设，打造优质产教融合的校企协同育人平台，促进材料工程相关领域校企联合技术攻关。联合培养基地的建立一方面为研究生提供实践场所，另一方面也可以为企业提供人才储备。校企双方共同签署《研究生联合培养协议》，明确双方职责，为建立长期有效的合作机制提供制度保障。

三、学院专业学位研究生培养效果

（一）毕业学生服务于重点领域企业

2022年学院材料工程领域硕士毕业生的初次就业率为98.75%，去向占比最高的三个方向分别是民营企业（35%）、国有企业（31.25%）和留校继续深造（15%）。多名优秀学生入职京东方科技集团有限公司、华为技术有限公司等我国被"卡脖子"领域的企业和行业龙头企业。

（二）研究成果显著

近三年，在上级部门的学位论文抽检中，学院的专业学位硕士学位论文合格率100%，无一例存在问题的学位论文，无学术不端行为。

近三年，专业学位硕士研究生以第一作者/共同第一作者身份累计发表科研成果178篇，其中包含A级期刊2篇，B级期刊38篇，C级期刊41篇，EI 9篇，中文核心33篇，专利4篇等，人均发表科研成果1.28篇，充分体现了学院专业学位研究生的培养水平。

（三）研究生实践创新能力提高

学院积极鼓励研究生参加实践创新类比赛，以赛促学，提高研究生实践创新能力。近五年，在校企导师组的指导下，专业学位研究生积极参加教育部、共青团中央、中国石油和化学工业联合会、中国化工教育协会等组织主办的研究生创新实践活动和各类竞赛项目，荣获 2019 年度第七届全国大学生高分子材料创新创业大赛国家级一等奖、2020 年度挑战杯全国大学生课外学科科技作品竞赛国家级三等奖、2021 年度全国大学生等离子体科技创新竞赛国家级一等奖、2022 年度中国国际"互联网＋"大学生创新创业大赛国家级铜奖等 7 项国家级奖项，以及 9 项省级奖项。

四、结语

今后，学院将始终着力于材料工程领域和新材料领域的发展趋势，以国家重点需求为导向，持续推动专业学位研究生培养改革。学院将完善专业学位研究生培养制度保障，更新管理理念，以项目层面的合作为基础建立紧密的校企合作机制，提升专业学位研究生培养质量，建立起具有高分子特色的专业学位研究生人才培养体系。

参考文献：

林忠钦，王亚光，李智，等. 需求引领　产教协同　培养卓越工程科技人才——上海交通大学的实践与探索［J］. 学位与研究生教育，2022（10）：12－18.

魏红梅."新常态"下我国专业学位研究生教育改革的创新探索［J］. 学位与研究生教育，2016（3）：15－20.

姚志友，董维春. 我国专业学位研究生教育改革路径探索——一个整体性教育的视角［J］. 学位与研究生教育，2019（11）：7－13.

"三全育人"背景下研究生医学伦理学教育的华西模式初探[*]

伍艳[1] 韦伟[2] 刘彩虹[2] 杨乐天[2] 周莉[2]
张凌[2] 付平[2] 赵宇亮[2]

(1 四川大学华西临床医学院研究生部 成都 610041；
2 四川大学华西医院肾脏内科/肾脏病研究所 成都 610041)

摘 要：医学伦理学是医学教育的重要组成部分，是提高医师职业精神的重要阵地。目前，我国的研究生医学伦理教育体系还不够完善，研究生教育更加注重临床技能和科学研究，对医学人文和职业精神的关注不足。本文提出"三全育人"背景下的研究生医学伦理学教学模式，将课程思政与伦理学讲座和专业课程进行整合，以科室试点、院科联动、编制大纲、病案库建设、成立学生社团、伦理师资培训等为着力点，提炼出研究生医学伦理学教育的华西模式。经过前期试点，这一模式在四川大学华西医院部分科室获得积极反馈，取得初步成效。

关键词：医学伦理学；研究生；三全育人；教学模式；

---

[*] 基金资助：四川大学研究生教育教学改革研究项目（GSSCU2021046、GSSCU2021038）。

一、我国研究生医学伦理学教学现状

医学伦理学是运用伦理学的理论、方法研究医学领域中人与人、人与社会、人与自然关系的道德问题的一大学科，内容涵盖医学临床实践、医学科学研究和其他医学活动过程，内容宽泛而深邃，具有实践性、继承性、时代性等特征。医学伦理学是医学人文的重要组成部分，在"生物—心理—社会"医学模式下，良好的医学伦理修养是医务人员提供人本主义服务的先决条件。我国医学院校大多开设了针对医学本科生的医学伦理学课程，但长期以来存在"重科研、重临床、轻人文教育"的情况，医学伦理学教育面临着深度广度欠缺、体系性差、师资欠缺等挑战（赵宇亮，付平，程春燕等，2020）。在研究生培养阶段，医学生已经进入专科学习，医学伦理学的教育也应该进一步细化，因为真正贴近医学实践的临床伦理学案例资源往往沉淀在临床学科之中，但针对各个临床专业、临床专科的伦理学培训则缺乏操作范式和具体要求。如何在科室层面针对专科情况开展伦理学教育，如何将思政教育要求融入临床医学专业课的每一个环节，是当前医学研究生教育需要解决的问题。

二、我国研究生医学伦理学教学面临的挑战

医学研究生教育是医学教育体系的重要环节。高质量的医学研究生教育是建设医学创新体系的前提。同时，医学教育具有较强的职业教育属性，肩负了培养合格卫生人才的任务。2017年2月27日，中共中央、国务院印发了《关于加强和改进新形势下高校思想政治工作的意见》，提出坚持"全员、全过程、全方位育人"（简称"三全育人"）的要求，标志着我国教育事业迈入了崭新的阶段。"三全育人"的根本宗旨是回答培养什么样的人，怎样培养人的问题（孙旭，金鑫，王旭东，2020）。医学研究生

教育如果只强调科研产出、强调临床技能，而忽视医学人文、医学伦理方面的教育，就与"三全育人"中"全方位育人"的要求相悖。四川大学华西临床医学院以"两个递进"为目标进行医学人才培养，实施以从合格医师到卓越医师再到医师科学家的培养路径，培养新时代德艺双馨的医学生，这与"三全育人"的宗旨是一致的（见图1）。

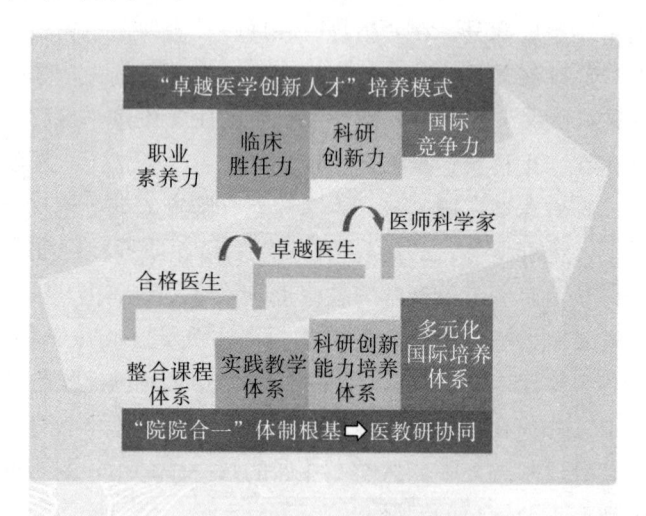

图1 四川大学华西临床医学院"两个递进"卓越医学创新人才培养理念

三、"三全育人"背景下研究生医学伦理学教学改革的目标

在"三全育人"的背景下，针对当前研究生医学伦理学教学中的薄弱环节，我们认为教学改革和改进应以如下四点为目标。

（一）大思政明确育人方向

医学伦理学是研究医学道德的科学，医学伦理教育的目的是调整医疗实践中人和人的关系，使之符合社会主义核心价值和道德准则，促进我国医学事业健康发展（赵驰，任苒，2018）。医学伦理课程要思考如何在每一个环节都融入思政教育，比如集体备课、统一思想，通过与学生分享真实的伦理故事与亲身感受，结合专业知识点开展课程研讨，运用新媒体及专业文献进行国内外教学方法比较等，引导学生主动思考，将社会主义核心价值观教育、爱国主义教育、生命价值教育、职业素养教育等融入课程的各个环节，实现自然教育、自然接受、情感共鸣。

（二）区分教育层次

我院的医学伦理学教学目前主要存在于本科教学层面，研究生的医学伦理教育相对不足。在学院层面，由于是面向所有学生群体，医学伦理学教育可拔高至弘扬社会主义核心价值观、强调人性的哲学高度和人本初衷，比如探讨人生价值、生命质量、无效医疗、医疗决策伦理、伦理推理等。这些不是传统意义上伦理实务的范畴，但对这些领域的关注体现出更加纯粹的人性反思，有助于使医学生站在更好的维度看待临床工作（丛亚丽，唐健，2015）。在临床科室层面，可更多围绕医生如何使自身行为符合伦理和法律规范，对患者知情权、隐私权、决策权进行妥善保护展开，从而增强研究生的法律意识和人本意识，更好地为病患服务（于海燕，许晓晴，于淼等，2014）。

（三）丰富教学模式

目前本科阶段医学伦理教学形式较为单一，主要为教师课堂讲授。课堂教学固然是理论学习的主要形式，但以学生为中心的实践则是运用和检验理论的必要手段。重视培养学生的学习能力和学习兴趣是医学伦理教育中一个容易被忽视的问题。相较于本科生，医学研究生有更多机会进行临床实践，可以此为契机，充分开展患者互动、小组讨论、伦理科研课题、伦理会诊等多种活动，从而构建起立体的研究生伦理教育体系（赵宇亮，付平，程春燕等，2020）。在教学体系设计的过程中，不必拘泥于课堂教学的形式，而应充分利用各种潜在的教学资源，采取案例教学、翻转课堂、PBL或TBL讨论、科研课题等多种模式，提高研究生的医学人文素养，实现全方位育人的目标。

（四）培训伦理师资

医学伦理学涵盖面广，针对医学研究生的伦理教育必然涉及大量专科问题和专科场景。研究生伦理课程教师虽然可以从本科伦理学课程教师中选调，但该部分教师无法全面地掌握各个领域的前沿进展。当临床医生进行伦理学授课时，如果缺乏伦理培训经历，也难以胜任对学生伦理推理、批判性思维、创造性思维等方面能力的培养（丛亚丽，唐健，2015）。因此，在兼任伦理教师上岗前，由专任伦理教师对其进行必要的伦理学培训，使之同时具备抽象的哲学思维和具象的临床表述，从而帮助学生提高职业精神和伦理素养（刘晨阳，王新红，支秀玲，2019）。可以将优秀的专科教师补充进入医学院研究生伦理师资库，为学院的医学伦理学研究生课程筹备做好铺垫。

四、"三全育人"背景下研究生医学伦理学教学改革的实施路径

根据研究生培养阶段专科性质强的特点，我们认为，新时期研究生医学伦理学教学改革主要依托学科和亚专业，以研究生班级为抓手，从以下六个方面开展具体工作。

（一）编制科室伦理教学大纲

以科室为基本单位，以科室教学小组为骨干成员，规划本专业临床实践中常见的伦理问题和伦理困境，编辑科室伦理教学大纲。编辑过程中，学习贯彻全国高校思想政治工作会议精神，探索凝练课程思政基本概念、落实立德树人根本任务，将社会主义核心价值观教育、医学人文素养教育、医学伦理教育贯穿科室专业课程。

（二）举办专科伦理讲座

科室既可以进行专门的医学伦理讲座课程，也可以通过穿插

案例的方式在专业课程中融入伦理教育。围绕"课程门门有思政、教师人人讲育人",做到思政教育和伦理教育的广泛课程覆盖(仲计水,2020)。

(三)依托研究生班级进行伦理教育

充分发挥学生的主观能动性,以研究生主题班会、睦邻里小组活动等为契机,以教师引导、学生主导的方式开展医学伦理学习活动,比如采用学生报告、翻转课堂、PBL等形式,宣扬医德医风、弘扬社会主义核心价值观。

(四)建立研究生医学伦理兴趣小组

学生自愿组队,成立医学伦理兴趣小组,针对临床上收集到的伦理问题,在授课教师的指导下查阅文献、归纳伦理病案,之后由授课教师将素材融入专业课的讲授。将学生的表现纳入平时成绩。伦理教师指导学生进行医学人文和伦理教育论文的撰写。当医学伦理兴趣小组开展至一定规模,可成立学院层面的医学伦理研究社团。

(五)举办科室医学伦理师资培训及试讲

在医学院伦理学教研室的指导下,各专科不定期组织医学伦理学师资培训及教师试讲,面向本科室研究生开展医学伦理教育,并将思政内容计入教学考核质控环节,形成一批精品伦理病案及课件,挖掘一批优秀科室伦理教学师资,扩充至学院伦理教育师资库中。

(六)推动医学院研究生医学伦理学课程建设

目前,我院尚未针对研究生开设专门的医学伦理学课程。医学研究生的伦理课程不能照搬本科生的教学模式,必须强调思政建设、职业精神并贴近临床,为培养合格的临床工作者做好准备。因此,在前期专科充分试点的基础上,通过归纳总结各个专科存在的一些共性问题和普遍适用的教学模式,最终尝试学院层面开设适合研究生的医学伦理学选修课,从而形成"三全育人"

背景下，既有标准化整体化的院级课程，又有专科化场景化的亚专科培训、高低互补、理论实践结合的研究生医学伦理教学体系（见图2）。

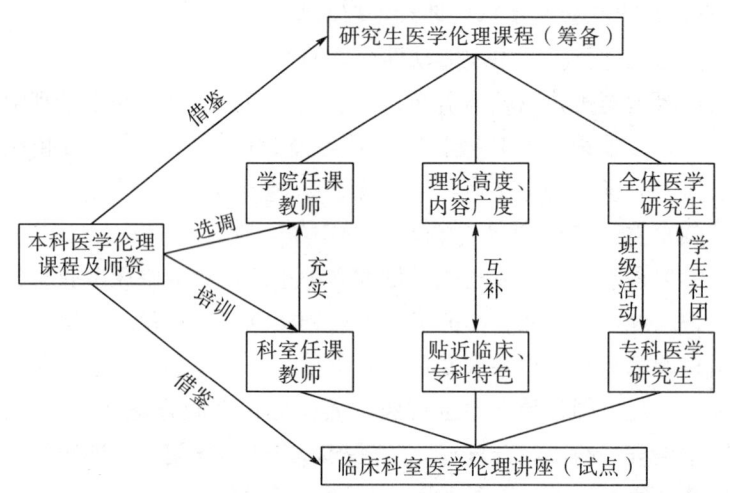

突出三全育人理念　全程覆盖思政教育　提高医学人文素养　树立医学职业精神

图2　"三全育人"背景下医学研究生医学伦理教学体系

五、研究生医学伦理学教学改革的着力点

和本科阶段的同质化、通识化教育不同，医学研究生教育具有专科特征，同时教学资源和教学师资也主要分布在科室。研究生阶段也更强调学生的自我学习和主观能动性。因此，研究生医学伦理学教学改革的着力点应该重点关注以下几个方面。

（一）依托科室初步试点医学研究生伦理教育

学科是医学研究生培养的主战场，但以往医学伦理学在科室层面的教育长期缺位。可以在科室层面制定大纲、收集病历、培训师资、融入专业教学、依托研究生班级和兴趣小组等，使科室成为研究生医学伦理教育的一线阵地。

（二）逐步推动研究生医学伦理课程的筹备建设

通过各个临床专科前期试点，总结经验和共性问题，筹备学院层面的研究生医学伦理课程。该课程主要强调医学伦理学的一般概念和价值观的树立，科室伦理学教育则侧重伦理实践和医风医德教育，从而实现学院和科室伦理教学的高低搭配、层次互补。

（三）强调学院和科室伦理教学联动

学院和科室可以在伦理教学资源上进行互补共享，即在借鉴本科医学伦理学课程的基础上，研究制定适合研究生教学的医学伦理教育纲要，收集教学案例和资源库，由本科生医学伦理课程、研究生医学伦理课程（学院层面）、研究生医学伦理讲座（科室层面）共享。本科生医学伦理教研室教师指导临床专科师资培训，优秀专科师资可扩充至医学院伦理学教学师资库。

（四）挖掘研究生学习的主观能动性

医学伦理学涉及较多案例，内容丰富，学生容易有兴趣。在日常教学中，教师可以采用翻转课堂、研究生班会、研究生兴趣小组等方式开展伦理学教育，将学生置于教学的核心位置，使教师由医学伦理教学的主导者变为协助者和引导者（刘平，唐先玲，杜玲玲，2010）。

（五）将思政内容融入医学伦理教育

人的价值观形成有两次关键时期，第一次是在青少年时期形成人生整体价值观，第二次是在接受职业教育时期形成职业价值观。伦理学思辨总是涉及价值观的反复判断。在医学研究生建立职业价值观的关键时期，通过恰当的方式积极引导学生，是医学伦理学教学设计中的关键任务（马婷，2015）。医学院校需凝练医学伦理学的顶层设计，通过教师统一思想、集体备课，引导学生主动思考、产生情感共鸣，成为具有正确价值观的专业医学科技人才（张洁，2022）。

六、医学伦理学教育模式试点的案例与反馈

研究生医学伦理学教育的"华西模式"目前已经在华西医院肾脏内科等临床科室进行试点。例如，肾脏内科将医学伦理学课程融合研究生专业讲座，推出了"Clinical Ethics in Nephrology（肾脏病学中的临床伦理思考）""终末期肾病患者的人格尊严和心理卫生"等医学伦理学讲座。此外，科室还要求任课教师在讲授专业知识之余，将医师职业精神与课程思政整合到授课体系中，对研究生进行润物细无声地伦理学教育。一项针对试点研究生的调查显示，受访研究生对在专业课程中融入医学伦理学教学模式改革的满意度高（96%），反馈的关键信息主要包括形式新颖、贴近临床实践、让专业课程更加有趣、从另外一个角度思考肾脏病等。受访研究生对医学伦理学教学改革的建议主要集中在建议拓展伦理学病案的涵盖范围，增加师生互动、医患互动，增加多媒体教学形式等方面，为进一步优化教学方法提供了思路。

七、结语与展望

医学伦理学是医学人文精神和医学职业素养教育的重要内容。当前，我国医学研究生培养中系统的医学伦理学教育较为缺乏，这和"三全育人"中"全方位育人"的要求存在一定差距。我们通过挖掘科室教学资源、激发研究生主观能动性，提炼出研究生医学伦理学教学的"华西模式"，将课程思政融入研究生教育体系，在试点科室中获得积极反馈，取得初步成效。该模式在不同科室、不同院校的实施效果有待未来进一步验证。

参考文献：

丛亚丽，唐健. 医学人文教育如何走向"靶向治疗"——记医学伦理学、医患沟通和医师职业教育研讨会［J］. 医学与哲学，2015（5）：96－97.

刘晨阳，王新红，支秀玲. 医学伦理学教学的不足与优化建议［J］. 中国医学伦理学，2019（32）：1589－1592.

刘平，唐先玲，杜玲玲. 以问题为基础医学教学环境下教师多元化培训体系的构建［J］. 黑龙江高教研究，2010（9）：81－83.

马婷. 医学生职业价值观培育探析［J］. 学校党建与思想教育（普教版），2015（20）：34－35.

孙旭，金鑫，王旭东. 三全育人研究综述［J］. 高教论坛，2020（2）：18－21+65.

于海燕，许晓晴，于淼，等. 人本主义视阈下医学生职业价值观教育的反思与优化［J］. 医学与社会，2014（27）：91－93.

赵驰，任苒. 医学伦理学的新思考［J］. 中国医学伦理学，2018（31）：1－5+23.

赵宇亮，付平，程春燕，等. 医学伦理教育体系的现状和启示——以芝加哥大学为例［J］. 中国医学伦理学，2020（33）：4.

张洁. 医学伦理学"课程思政"的内在价值和实践路径探索［J］. 中国继续医学教育，2022（14）：167－172.

仲计水. 简析新时代课程思政建设应坚持的五项原则［J］. 北京教育（高教），2020（9）：89－92.

化学学科研究生课程设置探索与思考

姜　林　刘　双　马利建

(四川大学化学学院　四川成都　610064)

摘　要：课程教学是研究生培养的重要环节，是满足行业领域发展需要的高层次创新人才的基本保障。其中，课程设置是整个教学环节中的关键因素。本文介绍了四川大学化学学院化学学科研究生一级学科培养方案中课程设置的基本情况及特色。通过对课程设置的凝练及优化，化学学院探索新一轮培养方案修订的思路和方向，扎实推进人才培养工作，助力学生成才。

关键词：研究生；化学学科；课程建设；人才培养

四川大学化学学院是国家首批研究生培养单位，逾百年的办学历史形成了浓郁的学术氛围和优良的办学传统。作为国家布局西部的重要化学人才培养和科学研究基地，四川大学化学学院认真学习和贯彻习近平总书记关于高等教育和人才培养的重要论述，坚持立德树人根本任务，遵循"立足基础，服务社会"的学科精神，强化"三全育人"体系，培养积极投身面向世界科技前沿、面向经济主战场、面向国家重大需求的高层次化学人才。作为人才培养的重要环节，学院重视研究生课程的设置，将培育家国情怀、行业理想和学术精神融入课程教学，在实践的基础上，凝练和优化开设课程，夯实学科基础，突出前沿交叉，建立科学合理、重点突出的课程体系。

一、研究生培养目标及学制要求

四川大学化学学院博、硕士点涵盖了无机化学、分析化学、有机化学、物理化学、高分子化学与物理、绿色化学、化学生物学、放射化学等二级学科。2017 年、2022 年四川大学化学学科连续两轮入选国家"双一流"建设学科。每年招收博士研究生约 130 人，硕士研究生约 210 人，研究生培养始终坚持高标准、严要求，重视培养质量。

总体培养目标：培养满足国民经济建设需要，化学基础知识扎实，能独立解决化学实际问题，能胜任化学及相关领域教学和科研工作，全面发展的高层次研究型、创新型人才。

学术型硕士研究生的基本目标：掌握坚实的化学基础理论和系统的专门知识，具有一定的独立从事科学研究工作的能力，具备开展学术研究和学术交流的基本外语能力。

学术型博士研究生的基本目标：掌握坚实宽广的化学基础理论和系统深入的专门知识；具有独立从事科学研究工作的能力；在科学研究上作出创造性的成果；具有一定的国际视野，能较为熟练地运用外语进行国际学术交流。

根据教育部学籍管理相关规定，研究生培养实行弹性学制：硕士研究生学习年限为 3 至 4 年，博士研究生学习年限为 4 至 6 年。根据学制及科研相关要求，研究生原则上在第一学年内完成课程学习和学分，如表 1 所示。

表 1　研究生课程学习和学分要求

学位类型	总学分	必修学分
学术型硕士	≥34	≥17
学术型博士	≥21	≥14
学术型硕博连读	≥40	≥27

二、课程设置基本情况

四川大学化学学院强调"立德树人、基础扎实、专业突出"的全面研究生教育，研究生课程建设以创新能力培养为核心，注重培育独立思考能力和学术批判思维，以深化研究生教育教学改革，强化质量督导，加强课程建设，打造精品课程，提升人才培养质量。学院对应设置由宽广到精尖四个层次学术型研究生课程体系，科学合理、重点突出，保障培养方案的系统性和前沿性。

（一）第一层次——基础课

注重开展以德为先、国际视野的研究生教育，根据教育部《加强研究生课程建设的意见》和学科特色，为硕士研究生开设了"新时代中国特色社会主义理论与实践""自然辩证法概论""马克思主义与社会科学方法论""第一外国语"等课程，为博士研究生开设了"中国马克思主义与当代""学术英语写作""博士英语听说"等课程，为所有研究生开设了"研究生综合素质系列课程"以及"学术规范与研究生论文写作指导"等课程。

（二）第二层次——平台课

为培养基础知识扎实、掌握大学科重要规律的科研主力军，根据化学学科的三大重要组成部分：合成化学、核心理论、测试表征，为硕士研究生开设了"高等合成化学""量子化学基础学""现代仪器分析方法"等课程；根据开展科学研究的目标，为博士研究生开设了"化学前沿"课程。

（三）第三层次——选修课

根据各二级学科特点，每个二级学科为硕士研究生开设4至6门专业选修课，为博士研究生开设至少1门学科进展类课程，供学生根据所研究方向和兴趣选择修读。专业选修课既体现化学学科的特点，又有四川大学化学学院的特色。

（四）第四层次——方向课

根据研究方向特色，为硕士生开设"高等化学实验"课程，为博士生开设"研究专题"课程。

三、课程设置特色

（一）将思政元素与专业知识有机融合，课程思政全覆盖

习近平总书记在全国高校思想政治工作会议上强调，高校思想政治工作关系高校培养什么样的人、如何培养人以及为谁培养人这个根本问题。要坚持将立德树人作为中心环节，将思想政治工作贯穿教育教学全过程，实现全程育人、全方位育人，努力开创我国高等教育事业发展新局面。学校是思想政治教育的主阵地，课堂教学是思想政治教育的主战场，是实现培养社会主义建设者和接班人的重要渠道（梁燕，2020）。学院课程体系强调"立德树人"，建设全新的高校"大思政"格局，建立以化学专业核心课为中心的"课程思政榜样"课程群。"化学前沿"等60门课程获批校级"研究生课程思政建设项目"，获思政类四川省教研课题3项，将课程内容与世界科技前沿和国家重大需求相结合，提升学生矢志报国政治站位，增强学生立足专业和服务国家需求的意识。

（二）聚焦学科前沿，注重学科渗透

学科课程设置全面系统，包含了学科的经典案例及最新热点，兼顾学科交叉。研究生平台课"化学前沿"由两部分内容组成，一部分由学院10余位科研一线教授担任主讲，采取专题讲

座的形式，教授结合自己目前从事的科研课题介绍化学发展现状，内容深入浅出，讲解通俗易懂；另一部分由课程负责人邀请国内外知名专家开展各类学术报告会，加强学生医学、药学、生物、材料、环境等各交叉学科有关内容的认知，培养学生的创新思维，开阔学生的国际视野。

同时，必修课"研究专题"和"高等化学实验"由各研究生指导小组负责开设，开课范围可在科研团队，也可扩大至学科专业等，主要由文献交流、实验室研讨会、工作进展思索等内容构成。

（三）重视研究生阅读文献的能力培养

文献阅读是科研工作的前提，文献阅读能力是研究生科研能力、创新能力的基础。课程体系中为研究生设置"专业文献阅读与论文写作"课程，对学生文献阅读、文章撰写、投稿等知识进行辅导，要求研究生实时跟踪与课题相关的杂志，追踪最新科研动态，扩展知识面。课程重视过程化考核，通过研究生定期做文献报告等方式，培养学生的思维能力、语言表达能力，以科学发展的实例或发明思路引导学生把握学科前沿信息，提升科研能力。

四、培养方案中课程设置的思考

学校即将迎来新一轮研究生培养方案的修订工作，如何改革课程设置，适应"双一流"建设高校学科发展和人才培养需求（苟绍华，郝晶晶，熊艳等，2021），加强研究生创新能力、内涵培养，突出四川大学化学学科特色；如何进行教材的建设，既能体现"化学魂"，又能把握学科前沿，是我们要思考的问题。

（一）课程设置遵循科学性原则

课程设置不仅要考虑到研究生个体发展的需求，同时应该兼顾国家和社会发展的需求。研究生既要有扎实的专业功底，也要有开阔的知识视野和国际视野。与本科教学不同，研究生教学不能过多地强调课程的学时和学分，应该给研究生留有足够的自我提升和发展的时间和空间。化学专业课程设置应面向我国建设社会主义现代化国家新征程的需要，培养的研究生应具有坚实的基础理论和系统的专业知识，同时具有独立从事科学研究或专门技术工作的能力。

（二）课程设置突出专业性和综合性

研究生课程设置应突出"研究"二字，为提高研究生的研究兴趣、研究能力和研究素质，一方面根据研究方向的不同而设置各方向的特色课程，另一方面鼓励自然学科与人文学科的交叉渗透、跨学科、面向实际问题设置课程，从而真正培养出具有过硬研究能力的高层次专门人才。

（三）课程设置突出前沿性和创新性

研究生不仅要掌握化学学科的专业基础知识，还应熟悉化学学科的发展动态。因此在课程设置中应增加研讨类课程，体现化学学科最新成果。此外，学院和导师要强化"学术交流活动"课程的管理，鼓励研究生分方向进行学术演讲、学术讨论及相关领域最新研究成果探讨，使知识点与技能点有机结合，保证研究生及时掌握其研究方向的学科前沿知识。

（四）打造化学专业的优培课程

根据国家发展规划和关键技术的需求，重点打造相关领域课程。例如为满足信息、能源、医学、环境、制造等领域对核心材料和关键技术的需求，可重点打造合成化学相关课程，以突破核心材料"卡脖子"关键技术，催生变革性的新产业和新领域，实现核心材料的国产化。

（五）构建产学研协同育人，建立校外第二课堂

增加与行业企业需求相关的课程，可依托国家级科研平台以及公司等，将"教室"建到企业，面向国家重大需求，促进科研

成果转化落地，提升学生的基础知识水平和科研应用能力。

（六）落实导师是研究生培养的第一责任人制度

导师定期与研究生开专题研讨会，就研究生科研课题实验过程中的问题、疑虑、新思想等进行交流，加深研究生对课程内容的理解，使其更透彻地掌握教学内容。

（七）加强研究生课程教学的管理与监督

建立规范化的研究生教学管理体制，重视研究生教学，禁止随意调课、停课或代课等行为。建立有效的教学检查和监督制度，建立研究生教学检查督导组，促进研究生教学质量的提升。

五、结语

研究生课程是研究生教学的重要组成部分，是研究生培养计划的核心内容。研究生课程的设置和实施直接关系到研究生的培养质量。因此，在研究生课程设置中应该注重学术性和实践性的结合、专业性和综合性的结合、前沿性和创新性的结合。在研究生教学中，注重互动性和合作性的教学方式，充分发挥研究生的主动性和自觉性。通过系统的理论学习、严格的科研训练和必要的实践锻炼，为国家和社会培养更多的高层次化学专业人才。

参考文献：

苟绍华，郝晶晶，熊艳，等. 双一流建设下化学工程与技术研究生核心课程群的改革与实践研究［J］. 山东化工，2021（56）：246－247.

梁燕. 新时代高校课程思政建设的若干思考［J］. 高教研究，2020（8）：23－27.

全日制专业学位研究生培养模式的探析

刘 双 姜 林 马利建

(四川大学化学学院 成都 610064)

摘 要：国务院学位委员会、教育部联合印发的《专业学位研究生教育发展方案（2020—2025）》明确指出，要加快推进新时代专业学位研究生教育高质量发展，为行业产业转型升级和创新发展提供强有力的人才支撑。基于此，本文分析了目前全日制专业学位研究生培养中存在的问题，思考和探索专业学位研究生培养模式的改革，以期为高校培养培养应用型、复合型高层次专门人才提供参考。

关键词：专业学位；培养模式；专业实践；企校协同培养

一、研究背景

我国1951年开始招收研究生，1991年开始实行专业学位教育制度。按照学位类型，研究生分为学术学位和专业学位两类，学术学位重在面向知识创新和自身发展需要，培养具备坚实的基础理论和系统的专业知识、原始创新精神和学术研究能力的学术创新型人才。专业学位重在面向行业产业发展需要，培养具备扎实知识基础、技术应用和实践创新能力以及良好职业素养的实践创新型人才。专业学位着重强调创新性、实践性和应用性。

近年来，随着社会经济快速发展与社会需求日益多元化，研究生的培养规模不断扩大，为适应经济社会发展需求，促进研究生教育更好地发展，研究生培养从单纯服务于教学和科研单位人才需求转向服务于多领域一线实际工作需求，从培养学术型人才为主向培养复合应用型高层次专门人才为主转变。目前，大部分高校已经形成兼备学术学位和专业学位教育的新格局，专业学位研究生教育在学科专业体系中的地位日益凸显。《教育部国家发展改革委财政部关于深化研究生教育改革的意见》明确指出，各高校应以行业需求为导向，以实践能力培养为重点，以产学结合为途径，建立与经济社会发展相适应、具有中国特色的研究生培养模式（茹煜，危卫华，周宏平等，2021）。《关于深入推进专业学位研究生培养模式改革的意见》和《关于加快新时代研究生教育改革发展的意见》也指出，要优化培养类型结构，大力发展专业学位研究生教育（王萧萧，王岚，2022）。在社会和国家对实践创新人才需求增加的趋势下，各高校都在积极认真地学习符合新时代发展的教育理念，转变角色与观念，致力培养行业需要的应用复合型高层次人才（祁凯，梅岭，李瑞峰，2022）。但是，在研究生培养的实际过程中，与学术学位研究生培养相比，专业学位研究生的培养存在经验不足，培养目标不明确以及套用学术学位研究生培养理念、思路、措施等问题，这与国家以及社会对高层次专业人才的需求不相契合。因此，高校对专业学位研究生的培养模式仍需不断探索和改革。

二、高校专业学位研究生培养现状及问题

（一）培养目标不明确，教学体系不系统

目前，专业学位研究生的培养目标与定位仍不够清晰和准确，专业学位与学术学位研究生培养的差异性并没有完全体现。学术学位研究生培养模式已非常健全，而在专业学位研究生培养

中存在套用学术学位研究生培养模式的问题,在专业学位研究生培养中仍然有很明显的学术学位培养痕迹,例如,过度强调专业学位研究生的学术科研能力,弱化了实践创新能力和应用能力的培养。此外,受传统教学模式的影响,学术学位研究生与专业学位研究生课程设置的差异性也不明显。专业学位课程设置的层次性不足,覆盖面也较为有限。部分专业学位课程仍然沿用传统的理论体系框架,采用的是先由概念到理论、再由理论到理论的传统授课模式。"实践与应用"在专业学位研究生教学中的凸显性较弱,缺乏实践性、应用性的案例教学,而实践教学更多地被作为理论教学的一种附属形式(尹国平,陈启飞,2018)。

(二)校企协同培养中存在的问题

专业学位研究生是"双导师"培养模式,由校内导师和校外导师(企业技术骨干、行业专家等)共同培养。通常,校内导师注重学术研究,而校外导师注重技术应用和实践创新。从目前专业学位研究生培养成果来看,校企协同培养主要存在以下问题。

"双导师"培养模式落实不足,在专业学位研究生的培养中,校外导师的参与度较低,在研究生过程化培养中的指导较少,大部分校外导师仅在校外专业实践活动中发挥了作用。因此,校外导师的投入程度低于校内导师。此外,人才培养的效果也不显著,专业学位研究生的实践能力培养还没有形成科学、完善的体系。在实践活动中,"知""行"分离,研究生无法将在校学习的课程知识与在实践活动中需要的知识联系起来,这导致应用实践不能及时有效地验证研究生在课程教学中所学到的知识,部分专业学位研究生技术应用和实践创新能力不强。

三、提高专业学位研究生的培养质量

提高专业学位研究生的培养质量,就应该坚决落实专业学位研究生的培养目标,以培养具有行业产业理论知识、能够承担专

业技术工作、能独立解决实践过程中的复杂问题、具有良好职业素养的高层次应用型专门人才和领军人才。但是,从目前专业学位研究生的培养成效来看,其教育培养体系仍需不断创新和完善。

(一) 合理设置专业学位研究生的培养环节

紧密围绕培养目标,按照"先进性、模块化、复合型和创新性"原则,合理设置课程体系和培养环节。

首先,在专业学位研究生培养中,把科学、技术与应用放在同等地位,科学是基础,技术是手段,应用是根本(李丙红,吴玉胜,王鑫等,2021),三者是一个统一的整体。科学知识和技术知识是专业学位研究生培养的基础,二者对实践应用具有指导意义,同时专业学位研究生培养应落实到"应用"。

其次,专业学位研究生的课程设置要以实际应用为导向,以岗位需求为目标,以综合素养和应用知识与能力的提高为核心(中国学位与研究生教育学会工科工作委员会,哈尔滨工业大学,清华大学,2015)。课程体系应包括基础理论课程、专业技能课程、实践课程和综合素质课程四个模块。其中,专业核心课程的设置要注重思维方法和专业技能培养,既要考虑课程的前沿性,又要考虑课程的实践性。实践课程的设置应从实践应用所需要的知识体系和能力培养的逻辑出发,构建以应用为核心的实践课程体系。此外,高校还应积极吸引行业企业优质教学资源,邀请具有丰富实践经验的行业专家参与研究生实践课程教学,将理论与实践应用有机融合,在教学中做到科学、技术与应用相结合,在课堂教学中培养学生将科学知识应用于实践创新的意识。

(二) 强化企校协同培养,落实"双导师"培养模式

2009年,教育部发布《关于做好全日制硕士专业学位研究生培养工作的若干意见》,明确规定专业学位领域培养方案中必须有校外实践环节,专业实践是重要的教学环节,是专业学位教

育质量的重要保证（曹东莉，乔文好，2013）。专业实践应是面向本专业类别或领域的应用研究、专业调研、专业实验、专业实习等实际工作。校外专业实践活动一般从第三学期开始，不具有2年企业工作经验的专业学位研究生，其专业实践时间应不少于1年。专业学位研究生在校外实践基地开展专业实践活动，是其区别于学术学位研究生的最大的培养特点和培养优势（周昶，方国华，2021）。将课程教学的科学知识应用于实践活动，通过实践验证课程教学知识，并通过实践活动培养研究生综合运用科学理论、方法和技术解决实际问题的应用能力、创新能力以及专业素质。

  为保证专业学位研究生的培养质量，要坚决落实"双导师"培养模式。首先，要聘任具有良好师德师风、扎实专业知识、丰富实践经验，在本行业领域具有较强影响力和良好社会声誉的行业企业专家成为校外导师（产业导师）。其次，专业学位研究生应选择与自己研究方向相近或相同的校内外导师。校外导师要全程参与研究生的培养，与校内导师合作协助研究生制订个人培养计划，确定学位论文选题，指导研究生撰写学位论文，参加学位论文开题答辩以及中期考核等各个培养细节。研究生在校外实践基地进行专业实践的过程中主要是以校外导师的指导为主，为确保实践教学质量，实践基地和校外导师应对研究生实践实行全过程的管理和质量评价，同时校内导师应与校外导师保持密切联系，定期检查研究生实践研究工作的进展，着重考察研究生运用所学基本知识和技能解决实际问题的能力和水平。在企校协同培养专业学位研究生的过程中，双方应发挥各自的特色，深度合作，双向投入，为国家和社会经济的发展培养复合型、应用型的高层次专门人才，最终形成企校双赢的新局面。

四、结语

专业学位研究生教育是培养高层次应用型专门人才的主要渠道。高校应着眼于社会经济发展和行业创新发展需求，以夯实专业知识基础、牢固专业技术知识、提高专业实践创新能力、提升职业素养为目标，促进专业学位研究生培养质量的提高。强化企校协同培养，以科学知识为基础，以技能传授为导向，以实践创新为核心，深化产教融合，培养国家建设急需的复合型、应用型、创新型高层次专业化人才。

参考文献：

曹东莉，乔文妤. 关于全日制专业学位双导师培养的思考［J］. 科教导刊，2013（11）：103－104.

李丙红，吴玉胜，王鑫，等. 工程类专业学位研究生培养模式探析［J］. 高教学刊，2021（7）：64－67.

祁凯，梅岭，李瑞峰. 工程类硕士专业学位研究生培养方案制订研究——以江苏科技大学材料与化工专业为例［J］. 科教导刊，2022（23）：13－15.

茹煜，危卫华，周宏平，等. 校企协同培养工程类研究生的探索——以南京林业大学机械工程专业为例［J］. 中国林业教育，2021（39）：58－60.

王萧萧，王岚. 西部高校工程类专业学位硕士研究生培养［J］. 西部素质教育，2022（8）：166－169.

尹国平，陈启飞. 专业学位研究生培养存在问题及对策分析［J］. 教育教学论坛，2018（49）：59－60.

中国学位与研究生教育学会工科工作委员会，哈尔滨工业大学，清华大学. 工科研究生教育创新与改革探索［M］. 哈尔滨：哈尔滨工业大学出版社，2015.

周昶，方国华. 工程类硕士专业学位研究生实践培养改革探索［J］. 高教学刊，2021（7）：126－129.

双一流高校本硕博贯通式拔尖人才跨学科通识教育探究

——以"中华文明简史"课程为例*

李建艳 邹薇

(四川大学历史文化学院 四川成都 610064)

摘 要：跨学科教育是当前我国双一流高校教育教学改革的方向。本文针对当前本硕博贯通式拔尖人才通识教育中历史学科的缺失，提出应建设一门跨学科的中华文明通识课，形成具有全面性、系统性和多样性特点的成熟的授课体系，以期对我国推进本科生拔尖创新人才跨学科教育改革提供借鉴。

关键词：本硕博贯通式；跨学科；通识教育

一、背景与研究现状

通识教育（General Education）来自西方的自由教育（Liberal Education），又名"博雅教育"或"文雅教育"。这一教育传统至少可以追溯到两千多年前的轴心文明时期。我国周代

---

* 本文为 2022 年首批四川省新文科教改项目（项目名称：历史与考古融入学术前沿视野的跨学科通识教育探究）及四川大学教改项目（项目名称：新文科背景下四川大学历史学拔尖人才培养模式创新与实践，项目号 SCUBJ124）阶段性成果。

的"六艺"（礼、乐、射、御、书、数）和柏拉图的"七艺"（文法、逻辑、修辞、几何、算术、天文、音乐）都重视理论和思辨，忽视职业教育和技术学习。教育的目的应该是引导学习者超越个体的生存需求，摆脱狭隘的身份意识，自由探索知识海洋，思考各种宏观问题和终极问题。孔子的"君子不器"是这一教育思想的最好总结。

科技革命和工业革命相继发生之后，职业教育、技能学习逐渐成为现代大学的基本内容之一。农学院、商学院、工学院等新兴院系如雨后春笋般涌现，最终从实用主义至上的美国席卷世界。然而，正所谓物极必反，20世纪后半叶欧美大学又纷纷反思实用主义教育的不足之处。现代大学教育的核心是专门化（specialization）。为了高效培养满足社会需求的人才，大学分科设系，强调讲授专门知识。此举易导致学者思维狭隘，"只见树木不见森林"。通识教育由此应运而生。

通识教育主要分为人文、社科和自然三大部分，致力提升学生"知""情""意"的综合能力。具体而言，就是培养学生清晰明白的表达能力、综合完整的判断能力和健全平衡的人格。今天，通识教育已经成为全球普通高等教育的重心所在。以美国的大学为例，通识科目的学分占毕业学分的30~40%。其中，哈佛大学、麻省理工学院等名校甚至高于40%。事实上，在刚刚进入5G时代的当今世界，知识更新迭代越来越快，知识分享、终身学习、碎片化阅读等已经成为新常态，极大地削弱了传统大学传播知识的重要功能。重视能力培养和人格塑造的通识教育的重要性更加凸显。

但遗憾的是，像历史学这样古典气息浓厚的学科却在通识教育方兴未艾的大潮中颇为落寞。读史使人明智，这是英国大学者弗兰西斯·培根的名言。学习历史，获取智慧，一直是中国古典教育的主要目标。学习历史不仅可以使人博闻广记，鉴往知来，还可以使人提升自我认知，培养复杂性思维和批判性思维。虽然中国史学传统悠久，至少可以追溯到孔子编写《春秋》。近年来，中国史学界的专业水平和研究能力日益提高，最明显的标志是史学论文数量的爆炸式增长。

遗憾的是，通史性的论著和热门的科普类读物却没有显著增加。国内高校历史学科通常划分为世界史和中国史两大类，或者按时代先后划分为上古、中古、近世、近代、现代和当代，或者按领域不同划分为政治史、经济史、社会史、思想史等。我们认为，这些非常专门化的专业方向极大地限制了历史学者的研究视野，也限制了史学研究的社会传播。

如何面向非历史学科的学生讲授通识史学，是一个亟待解决的问题。"中华文明简史"这门课程的设置正是一次可贵的尝试：日益专业化的历史教学如何迎接当代通识教育大潮的挑战？在一个知识大融通的信息时代，如何充分融入学术前沿视野，打破历史与考古的学科壁垒，打通中国史和世界史的专业界域，让历史学类的通识教育真正满足社会发展的新需求？对此，本文进行了以下思考。

二、实施思路

当今之世，随着中国的强势崛起，重新认识中华文明的来龙去脉和重建当代中国人的文化自信已是当代中国高等教育的迫切使命。与此同时，当代大学生一面享受着数字化时代知识生产与传播的极大便利，一面也为知识碎片化和价值虚无化的后现代状况而倍感困惑。从更为宏观的视角来理解和反思人类社会和人类自身已是大势所趋。以色列历史学者尤瓦尔·赫拉利的《未来简史》等书籍风靡全球即是例证。尽管目前已有部分高校开设了类似课程，但是整体性、系统性和新颖性兼备的优质公共选修课程依然很少。"中华文明简史"课程致力引导学生认识中华文明发展历程中的关键性问题,理解中华文明的精神追求,高屋建瓴地思考中华文明的过去与未来,从而使学生树立正确的历史观和价值观,培养学生面向世界面向未来的使命感。

四川大学历史文化学院拥有完整的专业体系和深厚的师资力量,深度整合两大学科(考古学、中国史)和三大教研室(考古教研室、中国古代史教研室和中国近现代史教研室),细致梳理"中国史前考古""中国古代史和中国近现代史"等多门课程的优质内容,重新组合串联,讲述源远流长、波澜壮阔的中华文明。面对中华文明这个宏大主题,"中华文明简史"课程将中华文明分为三个层面:物质技术、组织制度和思想观念,并进一步细分为史前文化、饮食文化、科技文化、家族制度、军事制度、官员选拔制度、国族观念、思维方式等主题,每个主题都力图贯穿古今,纵跨数千年。

如何在有限的课堂授课时间讲述数千年的历史演变是一个极具挑战性的难题。四川大学史学前辈蒙文通先生曾说过一段名言:浩浩长江,波涛万里,须能把握住它的几个大转折处,就能把长江说个大概;读史也须能把握历史的变化处,才能把历史发展说个大概。根据历史学科秉承蒙文通先生的治学心得,应围绕"历史的变化处"编写讲义,努力呈现中华文明的创新和活力。

该课程注重实践教学,教学中充分利用不断丰富完善的各类博物馆培养学生学习中华文明的热情和兴趣。与四川大学博物馆、成都金沙博物馆、成都武侯祠博物馆、广汉三星堆博物馆等建立联系,组织学生深度访学,感受中华文明的长久魅力。同时增进学生对历史学、考古学常识的理解,提高学生的通识素养。线上线下混合式教学也是该课程的一个探索方向。课程贯彻从"知识导向"到"能力导向"的改革思路,配合线下教学录制更为精简生动的慕课课程,便于学生提前了解教学内容,开展翻转课堂的教学实践,提高学生的参与度。

三、实施本硕博贯通式拔尖人才跨学科的主要路径

第一，历史学与考古学专业教师集体备课，将通识课教学融入历史与考古的学术前沿视野，集中讨论并摸索出研究型高校跨学科、跨专业的本硕博贯通式通识课教学体系。传统的人文历史公选课本科教育主要以初级的通史教育为主，为不同专业学生提供丰富的历史知识。该课程将历史学与人类学、社会学、法学、政治学、国际关系学、外交学、大数据等社会科学和自然科学领域相关知识相结合，以跨专业的方法培养非历史学专业学生（尤其是理工科学生）对历史知识的兴趣，引导学生渐窥史学之门，使非历史学本科生在学习历史学知识的同时，初步掌握历史学的思维，能够以历史唯物主义的观点分析古今中外的人物、事件。

第二，在教学实践中，用"文明史"的概念打破传统断代史的模式，为不同专业的学生提供全新的史学学习体验。传统历史学教育往往依照朝代顺序讲述中国历史，这样的模式对于非历史学专业的学生来说是一道无形的门槛。"中华文明简史"课程引入"文明史"这一概念，分专题向学生讲授中华文明起源、家国与国家、大易与天演、统一与分裂、战争与和平、选贤与任能、丹药与火药、冲突与融合、对抗与对话等涉及中华文明乃至世界文明的重要话题，在普及知识的同时，锻炼学生的史学思维。

第三，注重课堂授课与田野考察并重，为不同专业、学科的学生提供触摸历史的机会。在教学中充分利用多媒体教学、电脑图像制作、3D空间教学等现代教育手段，带领学生实地考察、参观武侯祠博物馆、四川博物院、成都博物馆、四川大学博物馆以及三星堆挖掘现场、宝墩遗址等重要文物存放及考古发掘现场，使学生实地感受中华文明的发展衍化，增进学生对历史学、考古学常识的理解，提高学生的通识素养。

总之，秉承"以中国历史为轴，以文明的观念为纲，读书并

走路"的理念，引导学生将人文阅读与历史学习结合起来，帮助学生建立文明史观，增强学生的国家认同和中华文明自信心，带领学生走进历史现场，提高文化修养。充分创造条件，利用校内外资源，将历史学实践教学打造成跨专业、跨学科、多元化、田野化的新模式，形成具有川大特色的国内一流的历史学通识课实践教学的新路径。

四、本硕博贯通式跨学科通识教育的价值意义

第一，本科阶段"播种"以大历史观为视角，通过课程的贯通为硕博阶段的学习打下扎实根基。随着"大学科时代"的兴起，在本科教育"播种"阶段，大学应给予学生自由而丰富的学术养分滋养。目前，国内高校普遍缺少体现大历史（Big History）观的通识课程。"中华文明简史"通识课程依托川大历史文化学院的优质资源，整合考古学、中国古代史和中国近现代史的最新研究，高屋建瓴地向学生讲述中华文明的兴衰浮沉，分析中华文明的超级基因，分析中华文明伟大复兴的深层逻辑。综合性大学在拔尖创新人才培养方面应进一步开阔视野，加强文理交融、理工结合，培养面向未来、善于用创造性方式解决综合性、复杂性问题的创新人才。

第二，考古学和中国史是两个不同的一级学科，中国古代史和中国近现代史则是两个不同的二级学科，不仅关注的问题不同，而且研究方法也大相径庭。然而，正是依托跨学科的教学团队，在课堂中引入多维的研究视角，该课程才能更好地向学生全方位呈现中华文明的博大精深。

第三，课堂和田野的混合式互动教学，增强了学生对跨学科教育内涵的理解和把握，合理构建了课程体系。"跨学科"并不意味着要取代传统学科，而是为了实现不同学科的相互渗透与整合、不同思维方式的相互交融与综合。考古学本来就是立足于田野考察的学科,历史学也崇尚实地调查,关注人文地理,所谓史地不分家。"中华文明简史"重视在课堂中大量地引入地理数据和实物图片,力求还原历史现场,带领学生参观考古实验室,增强学生对知识生产环节的直观认知;设立教学实践课程,对武侯祠博物馆、金沙遗址博物馆和三星堆博物馆进行深度访学,带学生走向田野,感悟古代文明。该课程实现了做学科之间的乘法、做知识与能力体系的除法,对学科主导的知识体系进行了重构,帮学生建立了以问题驱动的知识地图和思维能力导图。

参考文献:
孙士茹. 跨学科:博士生创新能力培养的基本路向[J]. 当代教育论坛,2023(1):25-34.

"双一流"建设中文科研究生科研能力培养探究

姜 莉[1] 王诗蕴[2] 韦足梅[3] 韦李娜[4]

(1 四川大学历史文化学院 四川成都 610064;
2 四川大学社科处 四川成都 610064;
3 四川大学外国语学院 四川成都 610064;
4 四川天府新区第四小学 四川成都 610064)

摘 要:"双一流"建设中,学科和学位点的评估考核不仅重视专业科研水平,对研究生培养质量的重视程度也逐年提高。如何将科学研究与文科研究生培养有机结合,以科研促进教学,提升研究生科研能力,成为培养单位和指导教师需要考虑的重要课题。本文通过对文科研究生科研能力培养现状及存在的问题进行梳理,提出相应的建议,以期为文科研究生科研能力培养提供参考。

关键词:"双一流";文科研究生;科研能力培养

"双一流"建设包括教学、科研、人才培养等多个层面。研究生培养质量备受关注,教育部也出台了一系列政策规定,对研究生科研能力培养提出要求。在培养方式上,文科研究生培养相较于理工医等学科存在差异。本文中的"文科"包括人文学科和社会学科两大类别。文科研究生通过课程学习、专业实践、参与导师的科研项目、与导师合作撰写论文等方式,提升科研能力。

梳理文科研究生科研能力培养现状和存在的问题，有助于提出解决对策。

一、文科研究生科研能力培养现状

研究生培养包括课堂教学和实践训练等方面，文科研究生科研能力培养在完成课堂学习之外，离不开科研实践。指导教师在教学和科研工作中，将学生培养与科学研究相结合，最重要的方式包括以下几类。

（一）课堂教学与文科研究生科研能力培养

研究生根据培养方案选修专业课程，通过课堂学习掌握专业知识和科研方法，这一过程是培养其学术科研能力最基本的方式。专业教师多根据课程选取教材和参考书，以讲授和交流互动的形式，将基本知识和科研成果传授给研究生。文科研究生的课程涉及基础研究和应用研究等内容，由于不同学科具有不同的特点，教师课堂教学的内容也有所侧重。

文科研究生获取课堂上学习的专业知识后，通常会根据所学方向参与专业实践，如实地考察课程涉及的历史遗迹、参与田野取样或社会调查等。这些实践有助于研究生熟练掌握课堂所学的专业知识，也是研究生开展毕业论文选题、资料搜集以及毕业论文写作的重要契机。

（二）科研项目与文科研究生科研能力培养

文科研究生不同于理工医等学科的学生，不需要长时间参与实验，多在导师指导下开展科研工作。随着指导教师科研工作的开展，部分研究生被吸纳为组成员，从选题、资料搜集整理到研究报告撰写，全面参与科研工作。这一方式有助于研究生熟练运用专业知识，切实提升科研能力，为其深造或前往科研机构就业打下坚实基础。

文科科研工作中最重要的项目是国家级项目。以国家社科基金项目为例，该项目不对全日制研究生开放申报，研究生只能参与导师的项目研究。此类项目训练研究生科研能力的同时，对其申请博士研究生也有举足轻重的作用，在其选择高校或科研机构就业时，也有重要的助推作用。

（三）学术论文撰写与文科研究生科研能力培养

研究生在学习期间，与导师合作撰写论文是重要的学术训练。这一训练为研究生提供资料搜集整理和论文撰写、投稿发表等机会。在论文撰写过程中，导师会根据论文撰写的不同阶段，对研究生进行指导，可谓全过程训练科研能力。

导师和研究生合作撰写的论文如果得以发表，对研究生而言是其在读期间的研究成果，对其申报各类奖学金有重要作用，也为其撰写毕业论文打下良好的学术基础。

二、文科研究生科研能力培养中的问题

目前，研究生培养质量在很多方面尚有提升空间，我们认为，主要问题有以下几类。

（一）课程与教材建设有待提升

通过各类学科和学位点评估，我们发现不少研究生课程缺乏高水平教学和高质量教材，专业教师多以专业著作或开列参考书目等形式提供课程所需的学习资料，这类著作在学术质量上虽属上乘，但并非为授课而编写的专业教材，加之教师授课方式存在差异，授课质量也参差不齐。

（二）专业实践质量有待提升

文科研究生需要前往档案馆、图书馆或企事业单位进行专业实践。部分专业受限于经费、实践基地等因素，无法保证研究生进行高质量的专业实践。以文史类研究生为例，北京、上海等地的图书馆和档案馆有大量一手资料，如无充足的经费，很难保证文史类研究生能够查阅、使用一手资料撰写论文，势必导致研究

生培养质量受到影响。部分文科研究生需要进行大量的田野工作，通过发掘、调研等手段掌握一手数据，缺乏一手数据会导致研究生论文质量难以得到保障。以社会科学类研究生为例，他们需要实地进行大量问卷调查或数据分析，需要经费支持专业实践的开展。在教学经费不足、合作单位不稳定的情况下，研究生的专业实践质量难以得到保障。

（三）学术规范和基本功有待提升

研究生参与导师的国家级项目，在资料搜集、报告撰写的过程中存在学术规范等问题，例如：资料搜集方法错误，导致资料搜集不全面，出现错误；研究报告撰写不规范，出现错别字；引用现有研究成果时，未能规范标出引用部分；写作水平不高，等等。

研究生与导师合作撰写论文也受到专业和学科特点的制约，文史类研究需要长期的积累，在研究生基础训练欠缺、专业积累不足的情况下，很难与导师合作撰写出高质量的学术论文。正因如此，在文史研究中，导师和研究生合作撰写的论文数量不多。

（四）非科研工作耗费大量学习时间

研究生在参与导师科研项目过程中，会参与经费报销、材料报送等非科研工作。以经费报销为例，指导教师派遣课题组中的研究生办理财务报销工作的情况较为常见；各类项目管理过程中，研究生参与填写大量表格、提交各类检查材料，这些非科研型事务对研究生科研能力培养并无实质意义，耗费了他们大量时间。

三、加强文科研究生科研能力培养的建议

为加强文科研究生科研能力培养，我们提出以下四点建议。

（一）强化课程和教材建设，申报高级别教学奖励

加强课程和教材建设，从研究生入学开始，就在为其传授专

业知识的同时，讲授学术前沿资讯，示范科研方法。鼓励专业教师将"一流的研究"运用于教学，在授课过程中，通过案例或示范等，加强研究生学术规范训练，提升课程质量。针对学科特点，有组织地编写高质量教材。在此基础上申报高水平教学和教材奖励，从教学工作的不同方面提升研究生培养质量，为研究生的专业实践打下扎实基础。

（二）推进教师队伍建设，打造教学名师

以往的教师队伍建设多重视各类人才称号，师资队伍中缺少教学名师。教师水平与课程和教材建设同等重要，对提升研究生培养质量具有重要作用。因此，有必要开展系统的师资队伍建设，以课程等形式为依托，打造一批教学名师，建成高水平师资队伍，全面提升教学质量。

（三）完善人才培养机制，强化专业实践基地建设

针对文科研究生培养中的特点，完善人才培养机制，加强实践教学基地建设。针对文史类研究生，组织专业基础扎实的教师带领学生前往档案馆、图书馆等地查阅学术资料，通过实地教学，训练学生搜集资料、撰写学术论文的能力。针对社会科学、交叉学科的研究生，加强实践教学基地建设，与企事业单位建立联合培养基地，完善教学实践基地建设，确保专业实践的可持续性。引导学生前往企事业单位进行专业实践，为后续就业打好基础。

（四）强化学术规范训练，打造良好学术氛围

以讲座、座谈会和学术会议等多种形式强化研究生学术规范训练。邀请顶尖学者到校进行学术讲座，组织研究生学习了解专业的前沿动态。组织教师和研究生开展座谈会，为研究生学习、科研提供师生面对面交流的机会，及时解答和解决研究生在科研能力训练中遇到的问题。组织高水平学术会议，邀请各高校相同专业的研究生参会，加强研究生之间的交流，营造良好的学术

氛围。

四、小结

"双一流"建设工作中，各类学科和学位点评估为研究生培养提供了检查问题、处理问题的机会。鉴于研究生培养质量在各类评估中的重要程度，本文对文科研究生科研能力培养现状及存在的问题进行了梳理，并提出了四点建议，以期有助于提升文科研究生的科研能力，切实提升研究生的培养质量。

参考文献：

高成德，帅词俊，冯佩，等. 双一流背景下依托科研项目的研究生科研创新能力培养［J］. 科教导刊，2022（33）：27－29.

王洪才，孙佳鹏. 我国研究生创新能力评价研究现状与前瞻［J］. 研究生教育研究，2022（6）：1－7.

基于信息技术视角的研究生招生风险分析与规避策略[*]

易宗锐　刘　猛　王翔坤

（四川大学研究生院　四川成都　610065）

摘　要：随着研究生教育受重视程度和考生规模不断增加，社会关注度以及与之相关的各类风险也同步增加。本文围绕研究生招生考试过程中的有关要求及其社会密切关注点，通过研究政策文件和近年来有较大社会影响的案例，归纳总结出当前研究生招生工作中存在的主要风险，并为有效规避风险、促进平安招生、维护考生利益，提出了基于信息技术视角的一体化风险防范机制，包括流程再造、健全追溯、最小化授权、被动防御、主动出击等举措，经在四川大学研究生招生工作中进行实践并不断完善，取得初步成效。立足于信息技术的研究生招生风险防控体系具有较高的可行性和社会价值，在保障公平公正的同时，还可有效提高服务质量。

关键词：研究生招生；信息化；风险管控

研究生教育是教育强国建设的制高点，改革开放以来，我国迈向研究生教育强国取得了重要进展（洪大用，2019），近代中

---

[*] 本文系四川大学党政服务管理项目（2022DZYJ-34）。

国经历了从站起来、富起来到强起来的伟大历程，高层次人才在国家建设中起到了重要作用，其中研究生更是为国家的全方位综合发展注入了源源不断的活力。国家需要、大众重视，研究生教育逐渐大众化，过去 10 年，研究生报考人数由 176 万大幅增至 457 万（数据来源：《2021 年全国教育事业统计主要结果》，教育部官网，2022 年 3 月）。报考人数骤增，直接导致研究生招生考试成为社会关注度比较高的选拔性招生考试之一，主要风险包括政策风险、业务流程风险、舞弊风险、廉洁风险、舆论风险等。其中政策风险与业务流程风险多由政策理解不到位、操作流程不规范所致；舞弊风险与廉洁风险主要来源于利益关联人员对规则的破坏；舆论风险则是其他风险的综合体，也可能是因对自媒体炒作的处理不当引起的。各类风险都会给研究生招生的公信力带来挑战，处理不当会影响高校声誉，有的甚至涉及违法犯罪、侵犯考生利益（韦剑，邓珂，2016）。

一、当前研究生招生主要风险分析

（一）政策风险

随着社会的发展，各类人才需求不断发生变化，研究生招生政策也随之不断调整。近年来，多个专项计划陆续推出，不同专项计划有对应的管理规定，并配套有相应的招生计划（如学位类型、学习方式、录取类别等）。总体上，招生工作必须在相关法律和法规或通知、各专项计划实施办法的基础上实施。招生单位须根据单位的招生现状和招生需求制定并发布招生章程作为招生准则。政策性强，规则、规范多且复杂，导致工作失误概率增加。通过对近年来发生的研究生招生相关问题进行总结，我们发现政策风险主要体现在以下几个方面：对文件精神领会不透彻、对文件内容传达不到位、惯用经验主义、遇到重大事项不请示或随意变通等（吴瑞华，2021）。

（二）业务流程风险

研究生招生工作历时长、时序性强、过程繁琐且环环相扣，任何环节的疏漏都会带来不可估量的风险。首先，研究生招生流程的基本依据是招生章程、招生目录和招生计划。其次，研究生招生工作的核心环节是对考生报考资格进行严格的审核和确认。重中之重的命题环节，整个流程从命题到印刷、分发、回收、封装，时间紧、要求高、体量大、考点多（2023 年全国研究生招生考点数已达 900 多个），实施过程非常复杂，必须万分严谨，既要保证试题质量，又要做好试题保密工作。考试环节涉及大量的事务性工作，包括考场的安排、考试的组织、应急情况的处置等。试卷整理时须保证不丢、不落、不外传，要守住底线、不跨红线。评卷和复试环节则须确保流程规范、标准统一、客观公正等。每个环节中，虽然不断地强化操作流程规范，操作中交叉检查，完成后反复确认，以尽量减少失误，但无意识犯错依然存在且难以避免，仍可能产生各种突发的重大风险（邓松，2013）。

（三）舞弊风险

随着研究生报考人数逐年递增，研究生考试的竞争越来越激烈，少部分考生选择铤而走险找捷径，扰乱了秩序，破坏了规则。为尽量避免此类行为对研究生招生公平的损害，2015 年 8 月，《刑法修正案（九）》将国家考试作弊纳入刑法约束范围，加大了对作弊的打击力度。考生或辅导机构往往是造成该类风险的主要主体，也有极个别内部人员无视法纪，里应外合，此问题多发生在试题管理相关环节，危害尤其严重（宋宽，王干，高明国，2020）。

（四）廉洁风险

高校招生是近年来招生单位廉洁风险防控的重要环节之一，风险点通常包括为特定人群设置专门条件、预留计划、降低分数线、透露保密信息、篡改成绩等问题（吴瑞华，2021）。通过法规制度和信息技术对相关人员进行约束，规避行政权力对招生工作的干涉是防范廉洁风险的重要举措。

（五）舆论风险

研究生招生工作是考生和网民关注的焦点。在自媒体时代，对网络舆情的实时关注、引导和回应则是研招工作的新任务和新难题。在研究生招生过程中，任何一个小事件都有可能被网络空间无限放大，若处理不当、不及时，极有可能给研究生招生工作造成巨大的影响（李琳娜，时悦琪，葛学玲，2022）。2019年全国硕士研究生招生考试期间，就有高校因试题瑕疵引发了网络舆情。因此，舆论风险也是当前研究生招生考试工作中需要高度注意和防范的风险点之一。

二、多措并举，有效规避风险

为应对研究生招生所面临的各类风险，国家和上级职能部门不断加大管控力度，包括强化领导责任、健全招生制度、相关工作人员培训上岗以及落实监督、全程追溯、打击违法犯罪等，并运用信息技术手段科学地设置流程和规则，实现对招生工作的动态管控，以此做到提前发现并有效地防范风险的发生。

（一）政策信息化

政策信息化旨在搭建一套研究生招生信息化平台，其功能至少应包括以下几点：一是利用文字比对技术，在教育部发布新的招生考试指南后，自动分析当年政策与往年政策的变化，并对变化内容进行深入解读，以此确保工作人员能够高效、清晰地理解政策内容、把握政策方向；二是运用人工协作形成双重把关机制，在研究生招生工作的整个流程中，运用信息系统设置相应的程序，对每条政策进行检查和把关，强化对人工操作的审核和查验，并在最终数据提交前，对每个环节、每项数据是否与相应的政策有冲突进行反馈，从而提示风险并使其尽可能地被化解在工作初期。

（二）强化信息安全

招生工作既要保密，又要公示公开。一方面，招生工作全生命周期涉及诸多需要保密的信息，如考生志愿信息、隐私信息、考试信息、关键岗位工作人员信息，对这些信息要严格管理并严格保密；另一方面，为体现招生的公平性和科学性，该公开的环节必须保证绝对的公开透明。因此，强化招生工作的信息安全需要统筹多个维度来综合考虑。

1. 分权限授权

数据权限直接关系到数据的安全，有效且合理的权限管理既能做到事前预防，也能在泄密发生时及时补救，从而降低风险的传播，保护数据的安全。传统的分工方式，如不区分工作人员的职责范围，所有人员都能或者有机会接触到核心数据，易导致一旦发生泄密，极难找到关键责任人。因此，应建立统一的中心数据库，一方面，可以避免因数据版本混乱而造成数据错误；另一方面，也可根据工作人员的职责权限，分级授予其相应的数据访问权限，还可以根据访问日志反向追查数据访问人员，形成一定的威慑作用。

2. 最小化授权

最小化授权主要是指在特定（最短）时间范围内，仅面向最小群体的工作人员开放最小范围的数据访问权限，并根据业务实际情况严格限定数据的读写权限，将风险控制在最小范围内。

3. 主动出击

主动防范是指按常规操作对敏感数据的访问或对信息系统的非法行为进行定义，当触发相关行为时，可对相关操作或访问进行保护性的拒绝访问，或整体启用熔断机制。除常规已知非法访问或操作行为外，还应对各类日常访问记录详细的日志，定期对日志进行审核与归类分析，分离出异常情况和非正常行为，将其添加到主动拦截行为清单。同时相关工作人员应净化工作设备环境，非必要的软件不安装，对敏感文件和目录添加访问权限，对硬盘进行加密。

4. 被动防范

相关工作人员的设备或服务器须严格防护，包括安装并定期更新符合要求的防范程序，不使用非可信的移动设备，设置离开自动锁屏、定期更换密码等保护措施。

5. 其他考虑

除常规破坏外，机器损毁同样会造成数据不可恢复的损失，可以分阶段按重要性对相应的数据进行备份。

(三) 建立全程追溯机制

研究生招生的社会关注度不断提高，少数人对招生过程中的某些环节产生怀疑在所难免。面对各类质疑，需要快速地用事实真相进行回应，平息质疑。例如，近年来发生了几起质疑试题被调包的事件，最终在全程录像材料的佐证下得以快速澄清。

为防范类似事件对研究生招生的公信力造成冲击，同时为了规范相关工作人员的操作行为，可通过信息化手段，将每一次数据的获取和修改都加以记录，同时运用区块链技术将篡改信息等违法违规行为从源头上予以杜绝。对试题运送、考试过程、复试考核等所有招生环节进行全程录音、录像并存档备查。

(四) 优化业务流程

1. 加强自命题管理

近年来，研究生报考规模大幅增加，但招生单位的选拔方式仍是沿用传统的初试加复试的形式。在报考规模较大的情况下，部分工作的传统模式有可能费时、费力，还很容易出现疏漏。例如，在短时间内将数万份考试试题分发到全国 900 多个考点，稍不注意就会出现错寄、少寄的情况。为减少失误，可运用信息化技术，在每个试题封装袋上加上信封条码标记，利用计算机进行试题清点工作以确保精准无误。同时在试题回收时，利用条码标识识别、统计并查验回收情况。在分类装订时，可以按扫码的先后进行排序和装订，优化工作流程。

2. 预审复试录取

基于信息化手段，对参加复试和拟录取考生的信息，可以从招生政策、招生计划、成绩计算逻辑等方面进行系统性的全方位查验，既能提前为复试结果把关，也能有效地避免出现各类低级错误。此外，上网公示的各类招考信息，也可通过自检系统检查后自动生成，避免多处公示版本混乱和信息不一致的情况发生。

3. 推进网上评卷

传统的评卷方式，在试题量非常大的情况下，其评分、统分、登分等环节，即使采用多人多次反复确认的方式，仍不可避免地会出现失误。可采用基于人工智能、图像识别和可视化技术设计并搭建网上评卷系统，解决传统人工阅卷方式中的错评、漏评或多评等问题，同时大幅提高工作效率。

（五）完善舆情预警机制

在全媒体时代，研究生招生作为社会关注度较高的招生考试，很容易形成社会舆论热点，虽能对研究生招生过程起到监督作用，但也有部分自媒体不明真相，盲目参与炒作，更有甚者为博取眼球扭曲事实，对考生和社会造成困扰。

因此，除了强化组织领导、加强培训、成立应急处置工作小组以及组建专家智库等举措外，还应进一步采用信息技术手段，对互联网热点事件加以分析，建立有效的动态监测和预警机制，对相关信息加以甄别和处置，避免因错过最佳处理时间而造成严重后果。

三、结语

研究生招生过程复杂、持续时间长，关系考生利益群体大，社会关注度高，存在大量风险点。除了健全组织领导、完善制度、规范行为、强化监督、公示公开，全面借助信息技术手段，提前预防化解，将问题在未形成影响前妥善解决，是一种可行方案。充分利用信息技术手段，不但能避免无意识犯错，也可阻击大量违规行为，切实保障考生利益，维护研究生招生的严肃性与科学性。

参考文献：

邓松. 基于风险管理视角的研究生招生风险及其规避［J］. 研究生教育研究，2013（4）：62-66.

洪大用. 扎根中国大地加快建设研究生教育强国［J］. 学位与研究生教育，2019（3）：1-7.

李琳娜，时悦琪，葛学玲. 疫情防控常态化背景下硕士研究生招生考试面临的舆情风险及应对措施探析［J］. 中国考试，2022（9）：63-68.

宋宽，王干，高明国. 硕士研究生招生考试自命题工作风险防控探析——基于内部控制视角［J］. 教育教学论坛，2020（9）：101-102.

韦剑，邓珂. 硕士研究生招生工作中的风险点研究［J］. 现代教育化，2016（32）：167-186.

吴瑞华. 高校研究生招生的风险表征与规避路径［J］. 华南师范大学学报（社会科学版），2021（4）：78-86.